POLYGLOTT

KRETA

ON TOUR

W0350741

DIE AUTOREN

GERHARD CRISPIN UND CLAUDIA CHRISTOFFEL-CRISPIN

reisen seit 1982 immer wieder nach Kreta. Die Insel und ihre Menschen haben der Journalist und die Politologin durch ihre kretischen Freunde intensiv kennengelernt. Da endet mancher Trip erst, wenn keine Straße weiter in die einsamen Berge führt. Oder in einer Taverne am Meer, auf dem Tisch ein Korb mit Brot und unter dem Tisch die Füße im Sand.

Unser E-Book-Code zur elektronischen Erweiterung des POLYGLOTT on tour. Das kostenlose E-Book enthält die im Reiseführer aufgeführten Adressen entlang der Touren, beispielsweise zu Essen und Trinken, Shoppen, Aktivitäten und Hotel-Tipps. Links auf einen externen Kartendienst vereinfachen das Auffinden dieser Adressen.

WWW.POLYGLOTT.DE

SEITENBLICK

ERSTKLASSIG

ALLGEMEINE KARTEN

REGIONEN-KARTEN

STADTPLÄNE

SYMBOLE ALLGEMEIN

Erstklassig: Besondere Tipps der Autoren

Seitenblick: Spannende Anekdoten zum Reiseziel

12 Top-Highlights und

Highlights der Destination

50 TOUREN & SEHENSWERTES

TOUR-SYMBOLE

1 Die POLYGLOTT-Touren
6 Stationen einer Tour
A1 Die Koordinate verweist auf die Platzierung in der Faltkarte
a1 Platzierung Rückseite Faltkarte

PREIS-SYMBOLE

	Hotel DZ	Restaurant
€	bis 50 EUR	bis 10 EUR
€€	50 bis 100 EUR	10 bis 20 EUR
€€€	über 100 EUR	über 20 EUR

ZEICHENERKLÄRUNG DER KARTEN

	(Seite=Kapitelanfang) beschriebenes Stadtviertel
10 E h	Sehenswürdigkeiten
4	Tourenvorschlag
	Autobahn
	Schnellstraße
	Hauptstraße
	sonstige Straßen
	Fußgängerzone
	Eisenbahn
	Staatsgrenze
	Landesgrenze
	Nationalparkgrenze

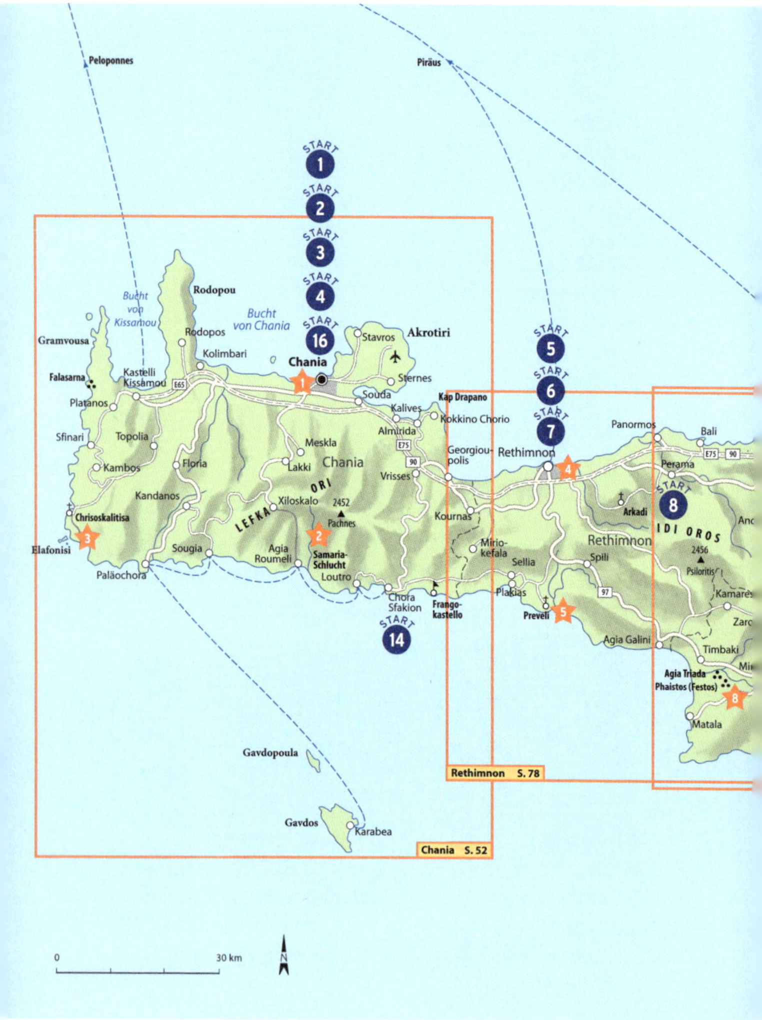

Perfekte Planung > Parallel vordere Klappe aufschlagen

TOP-12-HIGHLIGHTS

1 VENEZIANISCHER HAFEN, CHANIA > S. 62
2 SAMARIA-SCHLUCHT > S. 71
3 ELAFONISI > S. 76
4 VENEZIANISCHER HAFEN, RETHIMNON > S. 85
5 PREVELI > S. 92
6 ARCHÄOLOGISCHES MUSEUM, IRAKLION > S. 99
7 KNOSSOS > S. 109
8 PHAISTOS (FESTOS) > S. 119
9 VOULISMENI-SEE, AGIOS NIKOLAOS > S. 130
10 LASSITHI-HOCHEBENE > S. 134
11 PALMENSTRAND VON VAÏ > S. 139
12 PALAST VON KATO ZAKROS > S. 140

Glasklares Wasser am Falassarna Beach an der Westküste Kretas

TYPISCH

KRETA IST EINE REISE WERT!

Strände und Meer, Wein und Oliven, minoische Paläste und venezianische Häfen – ist das nicht ein idealer Mix, um seinen ureigenen Traum von Urlaub zu verwirklichen? Die Buchten und Berglandschaften Kretas bieten ideale Möglichkeiten für abwechslungsreiche Ferien.

GERHARD CRISPIN UND
CLAUDIA CHRISTOFFEL-CRISPIN
reisen seit 1982 immer wieder nach Kreta. Die Insel und ihre Menschen haben der Journalist und die Politologin durch ihre kretischen Freunde intensiv kennengelernt. Da endet mancher Trip erst, wenn keine Straße weiter in die einsamen Berge führt – oder in einer Taverne am Meer.

Ach Gott, eine Touristenfalle! Wir wollten doch eine authentische Taverne finden. Aber nach unserem ersten Bummel durch Rethimnons Altstadt, der nun schon so viele Jahre zurückliegt, sind wir einfach müde und zu hungrig, um weiterzugehen. Schlapp sinken wir auf die kleinen harten Holzstühle. Die Lehne drückt ein bisschen im Rücken. Ein junger Kellner bringt uns die Speisekarte. Wir sitzen vor einer Taverne mit Livemusik am Hafen und bestellen Souvlaki, Salat und Wein. Noch bevor die Weinkaraffe leer ist, erklingt drinnen Musik, eigentlich viel zu früh für kretische Verhältnisse. Bestimmt eine der üblichen Touristenshows, denken wir. Doch die Musik zieht uns dann doch in die schummrige Taverne hinein. Wir sind neugierig auf die Musiker. Drei Männer: einer an der Lyra, einer an der Laouto, während der dritte sich die Seele aus dem Leib singt. Und überraschenderweise derart gut und authentisch, dass wir bleiben, bis die Taverne geschlossen wird. Die Melodien sind fremd, leidenschaftlich, vereinen Tragödie mit Temperament. Leute kommen rein, gehen raus, wir bleiben. Noch ganz neu auf Kreta, aber auf dem Weg, diese Insel zu erforschen, mit allen Sinnen erleben und verstehen zu wollen. Was für ein Auftakt!

Wer an Kreta denkt, hat oft ein Bild von Sonne, Sand und Meer vor Augen. Ein Urlaubsparadies, das in erster Linie herrliche Badefreuden verspricht. Und dieses Bild ist definitiv auch nicht falsch. Denn verlockende Strände, hübsche Badebuchten und glasklares Wasser, das zum Baden und Schnorcheln geradezu einlädt, machen Kreta zu einer Top-Wahl für den Sommerurlaub. Doch natürlich bietet der kleine »griechische Kontinent« viel mehr als nur die Möglichkeit, sich genüsslich auf einer Sonnenliege zu räkeln: darunter fantastische Naturlandschaften, eine einsame Bergwelt und hervorragende Wandermöglichkeiten sowie ein reiches kulturelles Erbe. Wobei sich die größte Insel des griechischen Archipels vom Rest Griechenlands auch dadurch unterscheidet, dass der Ursprung minoisch ist. In der weiten Landschaft findet man hier die Reste minoischer Paläste – eine Besichtigung von Knossos, dem rekonstruierten Palast nahe Iraklion, darf natürlich bei keiner Kreta-Reise fehlen. Dabei erfährt der Besucher, dass die minoischen Paläste einst wie ein Labyrinth angelegt wurden. Entdecken Sie das kretische Labyrinth unserer Tage, ein prickelnder Mix aus Tradition und Trends.

Dafür bietet sich Chania an der Nordküste Kretas ganz besonders an. Die Stadt mit dem wunderschönen Hafen, an dem die Chanioten abends die typische *volta*, einen gemütlichen Spaziergang im gelassenen Tempo der Kreter, machen. Überall erblickt man Reste der Vergangenheit. Eine alte Moschee steht nahe der Kaimauer, geht man hinein, findet man sich in einer Galerie für zeitgenössische Malerei wieder. Chanias neuester Hit sind die schicken Restaurants, die in Hausruinen ihre Tische aufstellen und den morbiden Charme des Verfalls zelebrieren. Auf der Speisekarte findet sich neben zahlreichen anderen Köstlichkeiten der griechischen Küche auch Dakos, eine kretische Spezialität auf der Basis von getrocknetem Brot, Olivenöl und Tomaten. Sie war lange vergessen und galt als zu schlicht, um sie Gästen servieren zu können. Aber seit ein paar Jahren entdeckt Kreta sich selbst wieder. Erkennt, wie wertvoll letztendlich die scheinbar alltäglichen Dinge auch und gerade für die Touristen sind.

Janitscharenmoschee am Venezianischen Hafen von Chania

Ein schattiges Plätzchen im Kafenion in Kalo Chorio am Golf von Mirabello

Auch wer die kleinen Dörfer besucht, begibt sich auf eine Zeitreise. Denn hier gibt es sie noch: die typischen *kafenia,* in denen die alten Männer tagsüber stundenlang auf wackeligen Holzstühlen verweilen, den neuesten Dorftratsch besprechen und ihren *kafe elliniko* aus winzigen Tässchen trinken. In Iraklion wurden aus vielen dieser alten Kafenia, die eine Institution darstell(t)en, mittlerweile Cafés mit modernen, bequemen Lounge-Möbeln. Edel, aber der *elliniko kafe* wird noch immer in den dicken Tässchen serviert, und der Kellner fragt selbstverständlich, wie der griechische Mokka sein soll: *gliko* (süß), *sketo* (ganz ohne Zucker) oder *metrio.*

Sie haben die Wahl. Nicht nur beim Kaffee. Rave-Klub oder kretischer Abend? Stilvolles Abendessen bei Kerzenschein oder typische Taverne, wo innen der Fernseher brummt? Durch die Samaria-Schlucht wandern oder am Palmenstrand von Vaï dösen? Eigene Fotos von griechisch-orthodoxen Klöstern posten oder Selfies mit Sonnenbrille? Kreta hat so viel zu bieten, ist leicht zu entdecken und schwer zu vergessen. Als wir damals die Insel verließen, hatten wir eine Musikkassette im Gepäck: kretische Lieder mit Lyra und Laouto.

WAS STECKT DAHINTER?

Die kleinen Geheimnisse sind oftmals die spannendsten. Hier werden die Geschichten hinter den Kulissen erzählt.

WAS SYMBOLISIERT DAS MANDILI, DIE FRANSIGE KOPFBEDECKUNG?

In abgelegenen Bergdörfern Kretas und auf traditionellen Festen sieht man heute noch Kreter, die ein *Mandili (Sariki)*, ein schwarzes, fransiges Dreieckstuch, um den Kopf gewickelt tragen, wobei die quastenartigen Fransen vorn in die Stirn hängen. Mit der Farbe Schwarz wird der Trauer um diejenigen Kreter Ausdruck verliehen, die Opfer der Osmanischen Herrschaft wurden, die Fransen stehen für die Tränen, die man um die Angehörigen weinte.

WOHER STAMMEN DIE EINSCHUSSLÖCHER IN VIELEN ORTSSCHILDERN?

Viele Kreter besitzen Waffen. Und Schilder sind für sie ein hervorragendes Ziel von Schießübungen, die nicht selten Teil von Festveranstaltungen wie Hochzeiten sind.

LEBEN DIE KRETER WIRKLICH GESÜNDER ALS ANDERE EUROPÄER?

Die Menschen auf Kreta leben gesünder und haben eine höhere Lebenserwartung als andere Europäer – so zumindet lautet das Ergebnis verschiedener Studien zu dem Thema. Woran liegt das? An der sogenannten kretischen Diät, heißt es. Und die wiederum steht für die spezielle Ernährungsweise. Traditionell hat man früher auf Kreta wenig Fleisch gegessen, aber viel Gemüse und Obst, Brot und Olivenöl. Gerade das kretische Olivenöl soll viele gesundheitsfördernde Eigenschaften haben. Ob die Kreter wirklich bei dieser Ernährung so alt wurden, wissen die Götter. Heute ist für viele ein Essen ohne Fleisch undenkbar, Rind, Schwein, Lamm und Ziege werden reichlich genossen.

WAS IST DENN NUN MIT KRETA UND EUROPA?

Begeben wir uns in das Reich der griechischen Mythologie, dorthin, wo Zeus herrscht. Er war wohl der oberste, aber nicht der tugendhafteste aller griechischen Götter. So fiel sein Auge lüstern auf die phönizische Königstocher Europa. Die Schöne war nicht einfach so zu bekommen, ihr Vater wachte streng über sie. Zeus verfiel auf eine List: Als Europa einmal mit ihren Freundinnen an einem nordafrikanischen Strand weilte, verwandelte er sich in einen weißen Stier. Europa und die anderen Mädels spielten mit ihm. Die Prinzessin traute sich sogar auf seinen Rücken. Da schwamm Zeus mit ihr auf die Insel Kreta, verwandelte sich, verführte sie, und weg war er. Aber nicht ohne den ganzen Kontinent nach seiner Liebschaft benannt zu haben: Europa.

50 DINGE, DIE SIE ...

Hier wird entdeckt, probiert, gestaunt, Urlaubserinnerungen werden gesammelt und Fettnäpfe clever umgangen. Diese Tipps machen Lust auf mehr und lassen Sie die ganz typischen Seiten erleben. Viel Spaß dabei!

... ERLEBEN SOLLTEN

1 Mit dem Motorrad in die Weißen Berge Tolle Landschaftsimpressionen verspricht die Tagestour von Chania in die Lefka Ori. Mopeds gibt es am Hafen bei Greenway Car Hire b1 (www.greenways.gr, ab 30 €). Dann geht es Richtung Omalos bis Zourva, wo man in der Taverne Rizinha mit Panoramablick einkehren kann.

2 Auf Tauchstation Eine faszinierende Unterwasserwelt bietet sich Tauchern vor Kretas Küste. Also nichts wie rein in den Taucheranzug, Flossen an und ab in die Fluten. Omega Divers bietet z. B. Küsten-, Nacht-, und Höhlentauchgänge an › S. 66 (Almirida, 565, Tel. 28 25 03 14 12, www.omegadivers.com; ab 35 €).

3 Bikevergnügen Für Rennradfahrer ist die alte Küstenstraße von Agios Nikolaos nach Istro der Bikertraum schlechthin. Fahrräder kann man bei Martinbike – Hotel Sunlight › S. 30 ausleihen (Agios Nikolaos, Lenika, Tel. 28 41 02 66 22, www.hotelsunlightkreta.com, 1 Tag ab 25 €).

4 Sirtaki tanzen am Strand Bei Stavros › S. 65 wurde 1964 die legendäre Tanzszene mit Alexis Sorbas (Antony Quinn) und dem Schriftsteller Basil (Alan Bates) zur Musik von Mikis Theodorakis gedreht. Sie kriegen das hin, der Engländer hat's auch geschafft! Wer vorher üben will: Das Griechische Zentrum für Tanz › S. 29 veranstaltet z. B. kretische Tanzkurse in Plakias › S. 93.

5 Kreta hautnah erleben können Sie unter freiem Himmel im Heimatmuseum Lychnostatis in Chersonissos › S. 114 und im Lasinthos Eco Park in der Lassithi-Hochebene › S. 29, 135. Besucher können hier viel über Geschichte, Brauchtum, Kultur und Lebensweisen erfahren.

6 Aufgesattelt Geruhsam durchs Hinterland oder im Galopp am Strand entlang: Ausritte bietet Alianthos Stables F4 in Plakias › S. 93 (www.cretehorseriding.com, 1 Std. 25 €).

7 Die Schlucht der Eremiten Rund 12 km lang (hin und zurück) ist die Wanderung zur Schlucht der Eremiten (Agio Farango) H6 südlich von Matala › S. 122, die durch Olivenhaine und Flussbetten zu den Höhlen führt, in denen von frühchristlicher Zeit an bis zum Ende des letzten Jhs. Einsiedler lebten, Badestopp am Meer inklusive. Proviant und Wasser nicht vergessen!

Schnorcheln im azurblauen Wasser

8 Lyraklänge live Wenn am Abend die Musiker ihre Instrumente stimmen und im Ta Chalkina einer beliebten Taverne in Chania kretische Musik erklingt, erlebt man das authentische Kreta. Lassen Sie sich hineinziehen › S. 64 (Akti Tompazi 29–30, www.chalkina.com).

9 Lustige Taverne Spyros lädt in Apo Gouves bei Chersonissos › S. 114 seine Gäste nicht nur zum Ouzo oder Raki ein, sondern sorgt mit Humor und Livemusik für ausgelassene Stimmung (Spyros Taverna, Tel. 69 74 42 09 37, geöffnet ab 12.30 Uhr).

10 In Poseidons Reich Die Bucht von Elafonisi mit dem Schnorchel zu erkunden, ist einfach göttlich › S. 76. Aquamarin, Türkis, Jade und andere Schattierungen, die das Meeresblau zu bieten hat, geben die Kulisse.

11 In Stein gemeißelt In einer alten Ruine im südkretischen Lagolio nördlich von Matala H5 leitet die Bildhauerin Sabine Rassow vor inspirierender Kulisse Kurse in Steinbildhauerei (www.atelier-einschlag.de, eine Woche ab 380 €).

… PROBIEREN SOLLTEN

12 Bougatsa In Iraklion trifft man sich am Vor- und Nachmittag in den Cafés am Morosini-Brunnen › S. 104, um *Bougatsa* zu essen: Blätterteig mit süßer Grießbreifüllung. Extra süß und mit Zimt bestreut: So ist es typisch kretisch.

13 Kretische Bananen Sie sind aufgrund des niedrigeren Wassergehaltes kleiner und süßer als andere Bananen und werden um Malia und

Ierapetra angebaut. Bananen aus lokalem Anbau finden Sie z. B. an Verkaufsständen zwischen Chersonissos und Malia › S. 113f.

14 Traditionelles Gebäck *Ladokouloura* heißen die köstlichen Sesamkekse, die Sie in der Odos 1866, Iraklions Marktgasse › S. 105, kaufen können. Gebacken mit kretischem Olivenöl, sind die Kringel ein köstlicher Happen für zwischendurch.

15 Kretas Rachenputzer Raki, der klare Lieblingsbrand der Kreter, wird aus der Maische der Weinherstellung destilliert. Genießen Sie den Trester in der Markthalle › S. 61 von Chania, nachdem Sie sich dort durch die vielen lokalen Köstlichkeiten probiert haben.

16 Salate Nicht nur der Griechische Salat *(Choriatiki)* ist ein Genuss. Der *Kritiki* z. B. wird mit Kartoffeln, Ei, Käse und geröstetem Brot zubereitet. Die Ouzerie Almyriki › S. 65 in Stavros bietet außer einer reichen Salatauswahl auch einen großartigen Blick auf Strand und Felsen.

17 Aus dem Ofen Auf Kreta gibt es viele Gerichte mit Ziegenfleisch. Das helle Fleisch schmort lange im Ofen und wird mit Gemüse kombi-

Auf Kreta gereifte Bananen im Lebensmittelgeschäft in Malia

niert. In Rethimnon kann man es z. B. im Pigadi › S. 87 probieren, bestellen Sie *Katsikaki me anginares,* Ziege mit Artischocken.

18 Fangfrisch Fisch *(psaria)* und Meeresfrüchte *(thalassina)* genießt man besonders gut am Jachthafen von Chania. Im Monastiri b1 gibt es zum Fisch – probieren Sie die gebratene Dorade – kretischen Weißwein (Akti Tobazi 12, Tel. 28 21 05 55 27, www.monastiri-taverna.gr).

19 Dakos Knuspriges Brot mit würzigem Mizithra-Käse, Tomatenmus und Olivenöl ist eine kretische Spezialität. Köstlich schmeckt es in der Taverne Chrisostomos c1 in Chania (Ecke Od. Defkalionos/Ikarou, Anatoliki Tafros, www.chrisostomos.gr).

20 Gemüse auf kretische Art Klassiker wie *Dolmades,* gefüllte Weinblätter, oder *Manitaria,* die mit Feta und Tomaten gefüllten Pilze, werden im Restaurant Elia in Agathias bei Palekastro P4 himmlisch zubereitet (Tel. 28 43 06 14 03).

21 Nicht nur an Ostern Tradition hat in der Osterzeit das mit Mahlab und Mastix gebackene, süße Hefegebäck *Tsoureki.* Glücklicherweise bekommt man es das ganze Jahr über in Bäckereien, z. B. bei To Artopoleion b2 (36 Karaoli, Dimitriou) in Chanias Altstadt.

22 Jia mas! Zahlreiche Weingüter laden auf Kreta zur Verkostung ein. Die Domaine Gavalas K5 in Vorias › S. 113 bietet z. B. hervorragende

Probieren Sie das Osterbrot »Tsoureki«

Bioweine, darunter den Efivos (www.gavalascretewines.gr, Mo–Fr 8–16 Uhr). Na dann *Jia mas,* Zum Wohl!

... BESTAUNEN SOLLTEN

23 In die Palme schauen Im Sommer braucht man vielleicht etwas Geduld, aber: Am Strand von Vaï › S. 139 eine Liege zu ergattern und durch fedrige Palmwedel in den blauen Himmel zu blicken – das ist Entspannung pur. Und ausgesprochen exklusiv: Diese Palmenart *(phoenix theophrastii)* wächst nur auf Kreta, in der Antike war sie Aphrodite geweiht.

24 Für Nachtfalter Am späten Abend werfen die Lichter der vielen Tavernen und Cafés im Voulismeni-See › S. 130 in Agios Nikolaos lange Bahnen auf das Wasser. Das können Sie vom Rand der Promenade aus besonders schön betrachten und fotografieren.

25 Nikos Kazantzakis Kretas berühmtester Schriftsteller liefert mit seinem »Alexis Zorbas« > S. 45 nicht nur *die* Urlaubslektüre und Filmvorlage, sondern mit dem schmucken Museum von Mirtia > S. 112 und seiner letzten Ruhestätte in Iraklion > S. 106 überraschende Ein- und Ausblicke.

26 Ein nationales Symbol Nicht nur kretische Schulkinder werfen einen Blick hinter die Fassade des Klosters Arkadi > S. 87f. Denn das Pulvermagazin, in dem so viele Menschen während des Freiheitskampfes starben, kann besichtigt werden. Das heißt, seine Mauern, denn das Dach wurde bei der gewaltigen Explosion weggerissen.

27 In vino veritas Rund 5 km von Archanes entfernt, am Fuße des Jouchtas, lockt die Ausgrabungsstätte Vathipetro > S. 112 aus spätminoischer Zeit mit einer der ältesten Weinpressen der Welt!

28 Irdische Überreste Titos, ein Schüler des Apostels Paulus, war der erste Bischof Kretas. Er ließ in Gortis eine Bischofskirche errichten.

Im Museum des Schriftstellers und Lyrikers Nikos Kazantzakis in Mirtia

Seine Schädelreliquie ist heute in der Agios-Titos-Kirche c1 zu bestaunen, die bis 1923 als Moschee diente (Od. 25 Avgustu, Iraklion › S. 98).

29 Lieber Baum, gib uns Wasser … Zu viel Retsina am Vorabend? Nein, es gibt den Baum mit Wasserhahn wirklich! Im Bergdorf Ano Viannos L5, 13 km nördlich von Keratokampos, gleich neben der Kirche. Angeblich diente er einst als Stütze für eine Wasserleitung. Doch mit der Zeit hat der Baum die Leitung umschlossen, nun schaut nur noch der Hahn aus dem Stamm heraus.

30 Prozessionsweg Nicht die Touristen am Eingang von Knossos sind gemeint, sondern das Wandgemälde am Südpropylon › S. 110, das vielleicht junge Männer während einer Kultprozession darstellt. 500 Personen sollen im lange verfallenen Korridor gemalt worden sein!

31 Dörfer in Sicht Halten Sie Ihre Kamera bereit, wenn Sie mit dem Boot von Agia Roumeli › S. 74 nach Chora Sfakion › S. 68 unterwegs sind. Der Blick vom Lybischen Meer auf die Hänge der Weißen Berge › S. 135 ist spektakulär.

32 Über den Berg Am verkarsteten Gebirgspass von Ambelos L4 pfeift der Wind über imposante Windmühlen-Ruinen hinweg. Von hier oben ist die Sicht auf die Lassithi-Ebene großartig.

… MIT NACH HAUSE NEHMEN SOLLTEN

33 Wie das duftet! Ganze Sträuße von Kräutern mit ätherischen Ölen finden Sie in den alten Gassen oberhalb des Hafens von Rethimnon › S. 85. Sehr würzig sind besonders Oregano, Thymian, Salbei und der kretische Bergtee Diktamos.

34 Meli, meli, meli Der süße Honig mit dem unvergleichlichen Aroma von Kiefernwäldern ist auf den lokalen Märkten zu haben. Auf jeden Fall bekommen Sie den Honig aus Kreta *(meli)* am Flughafen K3 in auslaufsicheren Dosen.

Keramik hat Tradition auf Kreta

35 Keramik Im Töpfern haben die Kreter eine lange Tradition vorzuweisen. Und doch ist sie gefährdet. In Dörfern wie Margarites › S. 88 gibt es noch handgefertigte Ware. Praktisch sind z. B. die großen Obstschalen oder Salatschüsseln. Große Auswahl im Lasinthos Eco Park in Agios Georgios › S. 29, 135.

36 Die Seele Kretas Kretische Musik geht ins Blut! Wer auch an dunklen Wintertagen daheim noch etwas kretische Atmosphäre herbeizaubern möchte, der sollte in den CDs von Aerakis c2 in Iraklion › S. 108 (www.aerakis.net) stöbern.

37 Nadelarbeit Gehäkelt, gestickt, ausgeschnitten – feine Spitzen sind das Markenzeichen der Tischdecken von Kritsa › S. 132. Echte Handarbeit ist heute schwierig zu finden und hat ihren Preis. Wollen Sie daheim stilvoll tafeln, nehmen Sie zur Decke passende Stoffservietten mit.

38 Becher der Gerechtigkeit (*koupa tis dikaiosinis*): Das Einschenken kann peinlich werden – weshalb, erfahren Sie z. B. im Museum Lychnostatis in Chersonissos › S. 114. Der pfiffig konstruierte Trinkbecher lehrt gierigen Menschen Bescheidenheit – und ist ein originelles Mitbringsel.

39 Ledertaschen U. a. in Chersonissos › S. 26 und Chania › S. 61 werden Lederartikel in unterschiedlichsten Qualitäten angeboten: von softweichen Handtäschchen bis hin zu derben Rucksäcken. Eine gute Handtasche gibt's ab 60 €.

… BLEIBEN LASSEN SOLLTEN

40 Alte Ikonen kaufen Ikonen dürfen Sie nur mitnehmen, wenn die handgemalten Werke jünger als 100 Jahre sind (mit Nachweis vom Händler). Doch schauen Sie genau hin: Ist das Bildnis ganz von Hand gemalt oder sind nur ein paar Pinselstriche ergänzt? Eine Frage des Preises …

41 Montags Besichtigungen planen Montag ist überwiegend Ruhetag in ganz Griechenland, also besser am Strand entspannen.

42 Nackte Haut zeigen FKK am Strand ist verboten – es wird zwar toleriert, aber nicht gern gesehen!

43 Getrennt zahlen Kreter begleichen immer nur eine Rechnung für die ganze Tischgesellschaft. Danach kann man die Summe immer noch unter sich aufteilen.

44 Wasser verschwenden Wassersparen ist auch auf dieser Insel angesagt. Bitte nicht mehrfach täglich duschen. Gerade in den Sommermonaten ist die Trockenheit eine Last für die Kreter.

45 Feuer entfachen Die Gefahr von Waldbränden ist manchmal so hoch, dass selbst achtlos weggeworfene Glasflaschen durch die starke Sonneneinstrahlung Flammen erzeugen können. Und bitte keine Zigarettenkippen wegwerfen.

46 Kalte Schulter zeigen Beim Besuch von Kirchen und Klöstern gilt es als ein Zeichen des Respekts, Schultern und Knie zu bedecken.

47 Türkischen Mokka bestellen Wenn es Sie nach dem aromatischen Kaffee gelüstet, der in kleinen Tässchen ausgeschenkt wird, dann fragen Sie nach einem griechischen Kaffee, *kafe elliniko*.

48 Blumen pflücken Auf Kretas fruchtbarem Boden wachsen viele Blumen und Pflanzen, die es sonst nirgends auf der Welt gibt. Reißen Sie auf keinen Fall Pflanzen mit den Wurzeln aus – eine große Anzahl steht unter Naturschutz.

49 Ungesichert fahren Autofahrer müssen sich anschnallen, das Nichtanlegen des Sicherheitsgurtes kostet ein Bußgeld von 350 €, ebenso das Verletzen der Helmpflicht.

50 Klopapier ins WC werfen Die Abflussrohre verkraften das nicht. Dafür bitte den Abfalleimer benutzen, der neben der Toilette steht.

Sonnenschirme sind äußerst nützlich an den oft schattenlosen Stränden

Elounda wartet mit einem
hübschen Naturhafen und
den besten Hoteladressen Kretas auf

REISEPLANUNG & ADRESSEN

DIE REISEREGION IM ÜBERBLICK

Kreta ist als Urlaubsziel immer eine gute Wahl. Die vielseitige Insel erlaubt relaxtes Baden und aktiv sein. Strandliebhaber und Wassersportler treffen hier die saubersten Gewässer Griechenlands an. Wanderer finden außer markierten Wanderwegen auch ein Netz alter Maultierpfade, die durch paradiesische Landschaften, grandiose Schluchten und zu einsamen Bergdörfern führen.

Und für alle, die einfach nur die Sonne genießen und Atmosphäre schnuppern wollen, gibt es mehr als 300 Sonnentage im Jahr, einsame und belebte Buchten und Strände, Badeorte für Ruhesuchende ebenso wie für Erlebnishungrige. »Kreta«, so heißt es, »ist keine Insel, Kreta ist ein kleiner Kontinent«.

Diese Insel oder dieser Kontinent gliedert sich politisch in vier Regionalbezirke. Von Westen nach Osten sind dies **Chania, Rethimnon, Iraklion** und **Lassithi,** wobei die ersten drei nach der gleichnamigen Hauptstadt des jeweiligen Bezirks benannt sind. Lassithi erhielt seinen Namen von der landschaftlich wunderschönen Hochebene. Statt eines beherrschenden Hauptorts besitzt Lassithi mit Agios Nikolaos, Sitia und Ierapetra drei kleinere städtische Zentren. Chania und Rethimnon wetteifern miteinander um den Titel »Schönste Stadt Kretas«. Das möge jeder Besucher für sich entscheiden, sehenswert sind jeweils die Altstadt und der venezianische Hafen.

Iraklion ist dagegen das pulsierende Zentrum mit reichlich Verkehr und erschließt sich dem Besucher erst auf den zweiten Blick. Die Stadt eignet bestens zum Shoppen und Ausgehen und besitzt hochkarätige kulturelle Sehenswürdigkeiten. Den Palast von Knossos und das Archäologische Museum in Iraklion mit seinen einzigartigen Zeugnissen der minoischen Epoche sollte man sich auf keinen Fall entgehen lassen. Schließlich gilt Kreta als die Wiege Europas. Doch auch an zahlreichen anderen Orten auf

INSEL-HIGHLIGHTS

- Der **venezianische Hafen in Chania** zählt zu den stimmungsvollsten Plätzen der Insel. > S. 62
- Bezaubernd gelegen ist der Küstenort **Loutro.** > S. 70
- Der traumhafte Strand von **Preveli** punktet mit Palmen und einem kleinen Süßwassersee. > S. 92
- Mit einem Kloster, Quellen, Fischzucht und Fischtavernen lockt das Bergdorf **Zaros.** > S. 118
- Eine türkisfarbene Bucht mit Tavernen direkt am Wasser findet man in **Mochlos.** > S. 137
- Ruhe findet man in **Xerokampos** an der einsamen und oft windigen Südostküste Kretas. > S. 141

Kreta, etwa in Phaistos (Festos) oder Malia, finden sich Zeugnisse dieser alten Kultur, deren Untergang den Archäologen bis heute Rätsel aufgibt.

Von der Struktur her sind sich die vier Regionalbezirke sehr ähnlich: Nordküste, Berge, Südküste. Die Nordküste ist durchgängig touristisch und infrastrukturell besser erschlossen, die Südküste dafür vielerorts ursprünglicher. Aber insgesamt haben alle Bezirke von allem etwas. So gibt es z. B. einen echten Gleichstand, was das Vorhandensein schöner Strände betrifft. Während im Osten die Region Chania mit Elafonisi trumpft, kontert Rethimnon mit Preveli, Iraklion mit Lentas und Lassithi mit Vaï.

Bergwanderer können sich freuen, fast ganz Kreta ist von wildromantischen Schluchten durchzogen, auch wenn natürlich die Samaria-Schlucht (Chania) das Highlight bleibt. Auf der Insel finden sich kleine Bergdörfer, hübsche Fischerorte, einsame Buchten oder typische Tavernen. Und die bekannte Gastfreundschaft und Freundlichkeit der Kreter wird selbstverständlich von West bis Ost großgeschrieben.

KLIMA & REISEZEIT

Kreta ist eine Insel, die zu allen Jahreszeiten etwas bietet.

Im Sommer sorgt der von Norden kommende frische Fallwind Meltemi für Kühlung, im Winter ist es an der Südküste, wo Bananen und Palmen wachsen, noch immer angenehm warm. Im Hochsommer steigt die Wassertemperatur auf 26 °C an, im Mai/Juni und November liegt sie bei ca. 20 °C.

Die Lassithi-Hochebene eignet sich für eine Rundfahrt mit Wanderungen

Die beste Zeit für Bergwanderungen und Studienreisen sind von April bis Mitte Juni und von September bis November.

Da es an der Nordküste bis in den April hinein kalt sein kann und kleine Hotels und Privatzimmer oft keine Heizung haben, kann ein Daunenschlafsack nützlich sein.

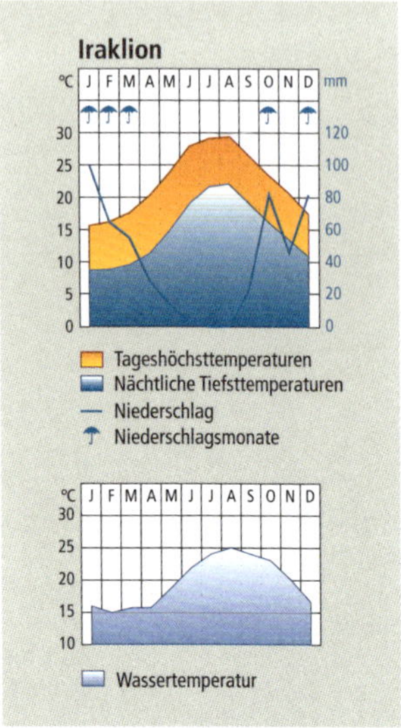

ANREISE

FLUGZEUG

Viele Airlines bieten von April bis Oktober Direktflüge an, die bequemste und preiswerteste Anreisemöglichkeit: Aegean Airlines (www.aegeanair.com), Condor (www.condor.com), Easyjet (www.easyjet.com), Eurowings (www.eurowings.com), Ryanair (www.ryanair.com) und Tui fly (www.tuifly.com). Flughäfen haben Chania, Iraklion und Sitia im Inselosten. Alternativ kann man auch nach Athen oder Thessaloniki fliegen und von dort mit Aegean Airlines oder Olympic Air (www.olympicair.com) weiter nach Kreta reisen.

AUTO

Am bequemsten ist die Anreise über Italien, von dort verkehren Autofähren nach Patras. Von Patras sind es etwa 200 km nach Piräus bei Athen, wo Fähren nach Chania (Souda), Iraklion und Sitia starten. Die grüne Versicherungskarte sollte man unbedingt mitnehmen. Den Pannendienst des Automobilklubs ELPA erreicht man landesweit unter Tel. 1 04. In Ortschaften gilt 50 km/h, auf Landstraßen 90 km/h; die Promillegrenze liegt bei 0,5.

SCHIFF

Autofähren verkehren ab Ancona, Bari, Brindisi und Venedig nach Patras (oder Igoumenitsa). Von dort fährt man nach Piräus, von wo aus täglich Fähren nach Iraklion, Rethimnon, Chania (Souda) und ein- bis zweimal pro Woche nach Sitia ablegen. Ferner bestehen die Verbindungen Githion (Peloponnes)–Kastelli Kissamou und Thessaloniki–Iraklion. Aktuelle Fahrpläne verschickt die Griechische Zentrale für Fremdenverkehr EOT › S. 152. Buchung über die Reedereien Anek Lines (www.anek-lines.info), Superfast Ferries (www.superfast.com) und Minoan Lines (www.minoan.gr/de).

REISEN IN DER REGION

LINIENBUSSE

Zwei Gesellschaften teilen sich den Überlandverkehr, die KTEL Iraklion/Lassithi und die KTEL Rethimnon/Chania. Zwischen großen Städten und zu den Ferienorten verkehren die Busse etwa stündlich, in abgelegene Dörfer nur ein- bis zweimal täglich. Am Wochenende gibt es nur zwischen den größeren Städten Verbindungen. Wer umsteigen muss, sollte klären, ob es am selben Tag noch einen Anschlussbus gibt.

Fahrpläne und Informationen für Iraklion und Lassithi: www.ktelherlas.gr, Tel. 28 10 24 50 20 (Iraklion), Tel. 28 41 02 38 80 (Ag. Nikolaos); für Rethimnon und Chania: www.e-ktel.com/de, Tel. 28 21 09 33 06 (Chania), Tel. 28 31 02 27 85 (Rethimnon).

TAXI

Die Taxipreise sind relativ niedrig. Vier Personen können unter Umständen preiswerter als mit dem Linienbus reisen. Am billigsten kommt man mit dem Taxameter weg. Dorftaxis mit der Aufschrift »*Agoraion*« haben kein Taxameter, sondern feste Tarife.

MIETWAGEN

Die Fahrzeuge sind vollkaskoversichert (häufig mit Eigenbeteiligung). Schäden an der Unterseite und am Auspuff sind oft nicht mitversichert. Enge Kurven, Schlaglöcher und eventuell Steine auf der Fahrbahn erfordern vielerorts eine angepasste Fahrweise.

An den Flughäfen kann man problemlos Autos direkt bei lokalen Anbietern mieten: z. B. Citycar Iraklion, Tel. 00 30 69 44 32 42 27, www.citycar.gr; Kafetzakis (Iraklion, Chania), Tel. 28 10 22 42 54, www.kafetzakis.gr/de; Kalives (Chania), Tel. 28 25 03 10 48, www.kalivestravel.gr.

SPORT & AKTIVITÄTEN

Ob Wandern, Mountainbiken oder Wassersport – seit der Tourismus zu Kretas wichtigstem Wirtschaftsfaktor avanciert ist, hat das Angebot an sportlichen Aktivitäten enorm zugenommen.

WANDERN, BERGSTEIGEN

Sehr detaillierte Wanderkarten sind im Harms-ic-Verlag erschienen, im Maßstab 1 : 100 000, je eine für Ost- und Westkreta. Sie sind auch auf Kreta in Buchhandlungen (*to vivliopolion*) erhältlich.

»100 PROZENT KRETA«

Es riecht nach gegerbtem Leder. Im Hintergrund hämmert und surrt es. Als wir den Laden in einer ruhigen Seitenstraße von Chersonissos betreten, begrüßt uns Giannis Hatzis herzlich. Ein solches Kleinod vermutet man in einem derart überlaufenen Touristenort, der mehr von üblichem Kreta-Kitsch und Souvlaki-Pommes-Buden geprägt ist, nicht. Handtaschen und Rucksäcke in vielen Farben, Formen und Größen hängen an den weiß-gelben Wänden; Geldbörsen, Gürtel und Sandalen stehen ordentlich sortiert in Regalen. Dahinter die offene, hell erleuchtete Werkstätte mit Näh- und Nietmaschinen, Schneide- und Klebetischen. Alles, was im Angebot ist, wird dort in Handarbeit gefertigt. Verkauf ab Werk sozusagen. »Wenn du nicht mit Herz arbeitest, machst du auch kein gutes Produkt«, lautet Giannis' Devise.

In Giannis Hatzis' Lederwerkstatt

Seine ganze Familie macht mit – und das bereits seit 1973: die Eltern, die Ehefrau, der Schwiegervater, der Cousin usw. Mit wie viel Herzblut Giannis und sein Team Hand an jede Tasche, Sandale, jedes Accessoire anlegen, können Besucher selbst erleben. Während der eine mit Stanzeisen-Schablonen die Lederhäute zurechtschneidet, näht der andere Riemen an, klebt Sohlen im Akkord oder färbt die guten Stücke. »Jeder Handgriff muss sitzen«, betont Giannis die exakte Verarbeitung in seiner Werkstatt, »alles 100 Prozent Kreta«.

Er macht sich stark für seine Insel. Zusammen mit anderen lokalen Handwerkern und Künstlern engagieren sich Giannes und Co. im Netzwerk **Cretan Hands** unter Federführung von Iraklions Handelskammer › S. 139. Ziel ist es, authentische, hochwertige Produkte zu fördern, die ausschließlich auf der Insel hergestellt werden. Damit die kretische Wirtschaft wieder mehr vom Tourismus profitiert – besonders wichtig in Zeiten der Krise.

Am Ende unseres Besuchs in Hatzis' Lederwerkstatt kaufen wir kurz vor Ladenschluss noch eine schicke Handtasche. Giannis Vater, der Seniorchef, überrascht uns zum Abschied mit einem Tanz – zu 100 Prozent kretisch!

- **Hatzis Leather**
  Eleftherias 17 | 70014 Chersonissos
  Tel. 28 97 02 50 66
  www.hatzisleather.com/en

Im Band Kreta des Bergverlags Rother sind 65 Wanderrouten ausführlich beschrieben.

Organisierte Wanderungen und Bergtouren offerieren mehrere deutsche Reiseveranstalter und auf Kreta das Unternehmen **Happy Walker**, Infos auch bei den griechischen Wanderfreunden der **E.O.S.**

Happy Walker b2
- Tobazi 56 | Rethimnon
  Tel. 28 31 05 29 20
  www.happywalker.com

Griechischer Bergsteigerverein E.O.S.
- Iraklion | Tel. 28 10 22 76 09
  www.eos-her.gr
- Rethimnon | Tel. 28 31 05 77 766
  www.eosrethymnou.gr
- Chania | Tel. 28 21 04 46 47
  www.eosnanion.gr

Neben der **Samaria-Schlucht** > S. 71 bieten sich die **Imbros-Schlucht** > S. 68 und die **Agia-Irini-Schlucht** > S. 74 für Wanderungen an.

Das am wenigsten erschlossene und wildeste Wandergebiet sind die **Weißen Berge** (Lefka Ori), deren höchste Erhebung mit 2452 m der Pachnes ist. Keine Karte zeigt jedoch hinreichend genau die unmarkierten Maultierpfade, die von den Dörfern am Fuße der Berge zu den Hochebenen führen. Und die zahlreichen kegelförmigen Gipfel des Massivs sehen alle gleich aus. Wasser findet man nur in den wenigen Zisternen der Hirten. Bis in den Juni hinein kann in den Bergen Kretas Schnee liegen. Daher empfiehlt es sich, das Gebiet nur mit einem Guide oder im Rahmen einer Tour zu bewandern.

Wechselhaft zeigt sich das Wetter auch zuweilen im **Ida-Massiv** (Oros Idi) mit dem höchsten Berg Kretas, dem **Psiloritis** (2456 m) > S. 90. Um ihn zu besteigen, benötigt man vorab Infos über Weg und Wetter.

Seit einigen Jahren werden auf Kreta die alten **Maultierpfade** als Wanderwege neu angelegt und markiert. Der **Europawanderweg 4** führt von Nordgriechenland über den Peloponnes weiter von West- nach Ostkreta, wobei er sich im Westen in eine Berg- und Küstenroute teilt, Infos in den Fremdenverkehrsbüros und unter www.fernwege.de mit Kartenmaterial als Download.

WASSERSPORT

Kreta ist ein Paradies für Wassersportler jeder Couleur. Surfen, tauchen, Wasserskifahren oder mit dem Gleitschirm fliegen kann man in allen Touristikzentren und an zahlreichen Stränden. Die kretischen Gewässer gelten zudem als die saubersten Griechenlands.

Ausrüstungsverleih und Unterricht im Windsurfen in deutscher Sprache bietet u. a. **Freak Windsurf** in Palekastro, Tel. (Hannes) +30/ 69 79 25 38 61, +43/67 69 20 19 89, www.freak-surf.com.

Gute Tauchkurse organisieren **Stay Wet**, beim Hotel Peninsula in Agia Pelagia (westlich von Iraklion), Tel. 69 44 69 01 52, www.staywet.gr, und das **Crete Underwater Center** im Mirabello Hotel bei Agios Nikolaos, Tel. 69 45 24 44 34, www.creteunderwatercenter.com.

TANZEN, MALEN, GRIECHISCH KOCHEN

Könnte man doch nur verstehen, was uns die Busukispieler mit ihren rauchigen Stimmen in den lauen griechischen Sommernächten erzählen! Und beherrschte man doch die Schrittfolgen, um sich beim Panijiri zwanglos unter die Reigentänzer zu mischen! Wüsste man doch Olivenöl und Kräuter so zu verarbeiten, dass man zu Hause an grauen Novembertagen die Mittelmeerküche und damit ein Stück Kreta auf den Tisch zaubern könnte! Kein Problem – Workshops vermitteln speziell Griechisches.

GRIECHISCH IM URLAUB

Griechischkenntnisse eröffnen dem Besucher einen ganz besonderen Zugang zu Land und Leuten. In Chania befindet sich **Lexis,** ein Zentrum für griechische Sprache und Kultur. Zu den Angeboten des in der Altstadt gelegenen Hauses zählen u. a. zweiwöchige Intensivkurse, die auf verschiedenen Sprachniveaus starten. Dabei wird nicht nur Grammatik gepaukt, sondern auch das Alltagsleben auf Kreta vorgestellt. Wer möchte, kann Zusatzangebote buchen, etwa ein Keramikseminar. Das Zentrum vermittelt auch Unterkünfte in Chania.

- **Lexis – Zentrum für griechische Sprache** b2
  Daskalogianni 48 | 73100 Chania
  Tel. 28 21 05 56 73
  www.lexis.edu.gr

Töpfern ist nur eines von vielen Kreativangeboten auf Kreta

TANZEN UND KOCHEN

Wem bei 35 °C im Schatten dann doch nicht der Sinn nach Vokabelbüffeln steht, der kann alternativ kretische Tänze erlernen: z. B. den Chaniotikos, die Susta, den Kastrinos oder den Fünf-Schritt-Tanz Pentozalis. Gelegenheit, das Erlernte anzuwenden, bieten die zahlreichen Panijiria, die Kirchweihfeste. Dort werden nach der Liturgie die traditionellen kretischen Gerichte aufgetischt. Wer hinter die Geheimnisse ihrer Zubereitung kommen möchte, der sollte einen Kochkurs belegen.

Tanzreisen veranstaltet u. a. das **Griechische Zentrum für Tanz,** Kursteilnehmer lernen vormittags griechische und kretische Tänze, abends wird nach dem gemeinsamen Essen zu Livemusik geübt. Kurse in traditioneller kretischer Küche kann man z. B. im **Vamos Traditional Village** bei Frau Koula belegen, die auch Autorin eines Kreta-Kochbuchs ist. Alle Gerichte werden aus regionalen Zutaten zubereitet, beim Kochen erfährt man Wissenswertes über auf Kreta wachsende Kräuter und ihre Verwendung.

- Griechisches Zentrum für Tanz
  Hornissenweg 3 | 22159 Hamburg
  Tel. 040/51 08 77
  www.griechischer-tanz.com
- Vamos Traditional Village E3
  Vamos (Apokoronas) | Tel. 28 25 02 21 90
  www.vamosvillage.gr

Kochkurs im Vamos Traditional Village

MALEN UND WANDERN

Eine Kombination aus kreativen, meditativen und aktiven Angeboten bietet z. B. **Re Natour** in der Nähe von Plakias an. Pro Woche kann man sich an vier Tagen aus dem vielfältigen offenen Programm etwas aussuchen.

- Re Natour
  Brunner Hauptstr. 26 | 90475 Nürnberg
  Tel. 09 11/89 07 04 | www.renatour.de

WEBEN, TÖPFERN, SCHNITZEN

Eine intensive Auseinandersetzung mit kretischen Traditionen ist im **Lasinthos Eco Park** möglich. In Agios Georgios auf der Lassithi-Hochebene liegt die Agrotourismus-Anlage mit Werkstätten, in denen gewebt, getöpfert und geschnitzt werden kann. Es gibt auch eine Taverne und Unterkünfte.

- Lasinthos Eco Park
  72052 Ag. Georgios, Oropediou Lasithiou
  Tel. 28 44 08 91 00 | www.lasinthos.gr

IKONENMALEREI

Workshops in Ikonenmalerei werden u. a. in Kissamos und Chania angeboten: www.oac.gr/en/iconography/iconography-workshop/.

FAHRRADTOUREN

Möglichkeiten, allerdings mit viel Auf und Ab, bieten sich auf der gebirgigen Insel (achtsam sein, denn auf den Wegen und Straßen liegt oft Geröll und natürlich bei Autoverkehr). Organisierte Touren unterschiedlicher Schwierigkeitsstufen werden von **Martinbike** in Agios Nikolaos und von **Freak Mountainbike Center** in Palekastro angeboten. In den Küstenorten kann man auch Räder leihen.

Martinbike – Hotel Sunlight M4

- Agios Nikolaos | Odos Elounda
  Tel. 28 41 02 66 22 | www.martinbike.com
  › mehr S. 12 Punkt 3

REITEN

Reitferien mit oder ohne Unterricht sowie begleitete Ausritte werden in allen Schwierigkeitsgraden angeboten. Nähere Auskünfte bei den örtlichen Touristinformationen oder unter www.pferdreiter.de/griechenland/kreta.php.

Radtouren unternimmt man auf Kreta am besten im Frühjahr oder Herbst

UNTERKUNFT

Neben Reiseveranstaltern und den großen Buchungsportalen gibt es immer mehr kretische Netzwerke, die landestypische Unterkünfte vermitteln. Zudem sind vor Ort häufig und recht einfach Privatzimmer, *Rooms to rent*, zu finden.

FOKUS AUF GASTFREUNDSCHAFT

»Erleben Sie das authentische Kreta« – unter diesem Motto haben sich im Bezirk Iraklion Familienunternehmen zum Netzwerk **Cretan Filoxenia** zusammengeschlossen, die kleinere Hotels und Pensionen bis 20 Zimmer oder Apartments betreiben. Gastfreundschaft wird groß geschrieben, auf Sauberkeit und Wohlfühlatmosphäre besonderer Wert gelegt. Zu dem regionalen Portal gehören außer Hoteliers auch Restaurants, Autovermietungen und lokale Museen.

»Diese Maßnahme ist eine Innovation im Tourismus und zeigt die Bemühungen von Unternehmen, in Krisenzeiten einen Ausweg zu schaffen. Es geht dabei um die Ausrichtung auf neue Formen des Qualitätstourismus, einer Ergänzung zum klassischen Modell Sonne und Meer«, erklärt Manolis Zervakis aus Stalida, einem der Initiatoren. »So können wir unseren Gästen die kretische Gastfreundschaft näherbringen und auch Traditionen und Kultur der Insel besser vermitteln.«

INFORMATIONEN

- **Bezirk Iraklion:** www.cretanapartments.com/accommodation; www.increte.eu
- **Ost-Kreta z. B. Agios Nikolaos, Sitia, Ierapetra:** www.crete-today.com/accommodation; www.knossosunion.gr/en
- **West-Kreta Bezirk Chania:** www.chaniarooms.gr
- **Agrotourismus:** www.incredible-crete.gr/de/agrotourism-crete/
- **Camping:** www.incrediblecrete.gr/de/camping/
- Weitere Infos bei der **EOT** > S. 152.

TRAUMHAFTE UNTERKÜNFTE

- **Amphora in Chania** Ein äußerst charmantes altes Gebäude direkt am Hafen. > S. 64
- **Mantenia bei Rethimnon** Haus mit Charme und Esprit. > S. 86
- **Arolithos südwestlich von Iraklion** Wohnen in einem traditionellen Dorf. > S. 107
- **Sunshine in Stalida bei Chersonissos** Schick und schön, nicht nur für Sonnenanbeter. > S. 115
- **Istron Bay in Istro** Erstklassige Zimmer mit traumhaftem Meerblick. > S. 136
- **Villa Petrino in Xerokampos** Ruhig schlafen in gemauerten Betten im ursprünglichen Osten Kretas. > S. 141

Bis spät abends sind die Tavernen wie hier in Rethimnon besetzt

LAND & LEUTE

STECKBRIEF

- **Einwohner:** 623 000
- **Fläche:** 8259 km² – etwa halb so groß wie Thüringen
- **Küstenlänge:** 1046 km
- **Höchste Berge:** Psiloritis, Ida-Massiv, 2456 m; Pachnes, Weiße Berge (Lefka Ori), 2452 m
- **Hauptstadt:** Iraklion, 170 000 Einw.
- **Religion:** zu fast 100 % griechisch-orthodox
- **Lebenserwartung:** ca. 5 Jahre höher als in Deutschland
- **Erwerbsbereiche:** 38 % Landwirtschaft, 15 % Industrie, 50 % Dienstleistungen (vornehmlich im Tourismus)
- **Landesvorwahl:** 0030

- **Arbeitslosenquote:** 20 % der Gesamtbevölkerung, Jugend 38 % (2018)
- **Mindestlohn:** 3,39 € (2019), im Vergleich: Deutschland: 9,19 € (2019)
- **Währung:** Euro
- **Zeitzone:** MEZ + 1 Std.

LAGE

Kreta liegt zwischen Europa, Asien und Afrika. Die vorgelagerte Insel Gavdos ist der südlichste Punkt Europas. Bei 255 km Länge ist Kreta groß und abwechslungsreich genug, dass sich die Touristen nicht auf die Füße treten und der Urlaub interessant gestaltet werden kann. Die Breite Kretas schwankt zwischen 14 km an der »Wespentaille« bei Ierapetra und 62 km bei Iraklion.

POLITIK UND VERWALTUNG

Kreta ist politisch ein Teil der parlamentarischen Republik Griechenland. Der Staat ist eingeteilt in sieben Verwaltungseinheiten, die *apokendromeni diikisi*. Kreta stellt eine dieser Verwaltungseinheiten dar und ist eingeteilt in vier Regionalbezirke: Iraklio, Lassithi, Rethimnon und Chania.

Die großen Linien der Politik werden aber in Athen bestimmt. Griechenland ist ein ausgesprochen zentralistisch geführtes Land, vor allem, was die »Staatsquote« angeht: Der Staat ist mit den Ausgaben stark am Wirtschaftsgeschehen beteiligt, aber sein Anteil sinkt.

Griechenland wurde 2001 Mitglied der Europäischen Währungsunion; seit 2009 steckt es in einer tiefen Wirtschaftskrise. Unrentable Staatsbetriebe sollen (teil-)privatisiert, viele Privilegien für Bauern, Beamte und Bankangestellte abgeschafft werden. Trotzdem musste Griechenland 2013 und 2015 von der EU vor dem Staatsbankrott gerettet werden. Die Regierung beschloss drastische Sparparkete, in deren Folge viele Menschen ihre Arbeitsplätze verloren. Besonders stark von der Arbeitslosigkeit betroffen sind die unter 24-Jährigen.

WIRTSCHAFT

Die beiden Säulen der kretischen Wirtschaft sind der Tourismus und die Landwirtschaft. Von den ca. 200 000 Erwerbstätigen der Insel arbeitet laut Statistik die Hälfte in der Landwirtschaft. Doch in welchem Maße, ist schwer zu sagen. Viele Landwirte vermieten im Sommer Zimmer oder arbeiten in den Touristenzentren der Küste. Insgesamt werden auf der Insel ca. 200 000 Betten vermietet. 2017 reisten 4,2 Mio. Touristen per Flugzeug an. Ein Großteil der Kreter lebt direkt oder indirekt vom Tourismus, eine der wenigen Branchen, die eine positive Wirtschaftsentwicklung erwarten lässt. Leider wird in der Hotellerie und Gastronomie aber oft nur Mindestlohn (3,39 €) gezahlt.

Die Landwirtschaft produziert Oliven, Wein, Schaf- und Ziegenfleisch, Joghurt, Honig und Käse. Ein neuerer, rentablerer Zweig liefert Gewächshausgemüse.

Seit dem Eintritt in die EG im Jahr 1981 sind die Agrarkonzerne der entwickelten EU-Länder für die griechischen Kleinbauern zur ernsthaften Konkurrenz geworden. Immerhin darf nach einem EU-Beschluss keine dänische oder deutsche Nachahmung mehr als Feta-Käse bezeichnet werden. Allein das kretische Gewächshausgemüse findet Absatz – in Griechenland ebenso wie im Rest der EU.

Infolge der Wirtschaftskrise sinken jedoch viele Gehälter. Besonders die Lage der Alten ist häufig besorgniserregend. Der Großteil von ihnen bezieht lediglich die Mindestrente. Viele können nur durch die Unterstützung der gesamten Großfamilie überleben.

Kretas landwirtschaftliche Flächen werden überwiegend von Kleinbauern kultiviert

GESCHICHTE IM ÜBERBLICK

7. Jt. v. Chr. Kreta wird im Neolithikum vermutlich von Anatoliern besiedelt.

3000 v. Chr. Weitere Siedler treffen ein. Jäger und Sammler bauen sich feste Siedlungen und betreiben Agrikultur. Zentrum dieser Frühkultur ist die Messara-Ebene.

2000 v. Chr. Die minoischen Paläste in Phaistos (Festos), Knossos, Malia und Kato Zakros entstehen.

1700–1450 v. Chr. Nachdem die älteren Paläste vermutlich einer Naturkatastrophe zum Opfer gefallen waren, werden auf den Ruinen der alten neue Herrschersitze errichtet. Reichtum und spezialisiertes Handwerk führen zur minoischen Blütezeit.

1450–1150 v. Chr. Kreta wird von mykenischen Truppen vom Peloponnes erobert. Die Paläste werden zerstört. Nur Knossos und Archanes werden wieder aufgebaut.

Fresko im Palast von Knossos

800–67 v. Chr. Nach dem Untergang des mykenischen Reiches kurz nach 1200 wandern dorische Griechen in mehreren Schüben vom Peloponnes her ein.

67 v. Chr. Kreta wird römische Provinz.

59 n. Chr. Der Apostel Paulus landet auf dem Weg nach Rom bei Kali Limenes und lässt seinen Begleiter Titus zurück, um durch ihn das Christentum zu verbreiten.

395 Mit der Teilung des Römischen Reiches fällt Kreta ans Byzantinische Reich.

1204 Kreta kommt zu Venedig.

1453 Nach der Eroberung Konstantinopels durch die Türken fliehen griechische Intellektuelle und Künstler nach Kreta (»kretische Renaissance«).

1645 Die Türken erobern Chania und 1669 Iraklion.

1896/98 Kreta wird mit Hilfe der europäischen Großmächte befreit.

1913 Makedonien und Kreta werden mit Griechenland vereinigt. Eleftherios Venizelos ist Ministerpräsident und bleibt es bis 1920 und später mit Unterbrechungen von 1924 bis 1936.

1919–1923 Auf der Konferenz von Lausanne 1923 wird vereinbart, alle Türken aus Griechenland und alle Griechen aus der Türkei zu entfernen. 22 000 Türken verlassen Kreta. Im Gegenzug siedeln sich 34 000 Griechen dort an.

1936 Vom griechischen König gebilligte Diktatur unter General Metaxas.
1941–1945 Deutsche Besetzung Kretas. Kretische Bauern und Partisanen leisten den Deutschen erbitterten Widerstand.
1946–1949 Die Vereinigten Staaten geben Militärhilfe für ein prowestliches Griechenland. Die Kommunisten werden 1948 in der Samaria-Schlucht geschlagen, und Griechenland ist wieder konstitutionelle Monarchie.
1967–1974 Griechische Militärdiktatur. Durch einen Putsch gelangt Oberst Papadopoulos an die Macht.
1974–1981 Die konservative Nea Dimokratia regiert das Land. Griechenland wird 1981 EU-Mitglied.
Ab 1981 In den 1980er und 1990er-Jahren regiert überwiegend die sozialistische PASOK. Regierungspräsident ist bis zu seinem Tod 1996 Andreas Papandreou; sein Nachfolger wird Konstantin Simitis.
2001 Beitritt Griechenland zur Währungsunion.
2004 Kostas Karamanlis (Nea Dimokratia) wird neuer Ministerpräsident. Athen richtet die Olympischen Sommerspiele aus.
2009 Giorgios Papandreou wird neuer Ministerpräsident. Griechenlands Wirtschaftslage verschlechtert sich zusehends.
2010/11 Die Staatsverschuldung ufert aus; Griechenland steht vor dem Bankrott. Die EU beschließt an strikte Auflagen gekoppelte Hilfen. Papandreou tritt 2011 zurück; es folgt eine Übergangsregierung.
2012 Ministerpräsident Antonis Samaras soll das Land retten.
2015 Bei den Parlamentswahlen im Februar bestrafen die Wähler die Regierung für ihren Sparkurs. Gewinner ist die Linkspartei SYRIZA, Alexis Tsipras wird Ministerpräsident, Prokopis Pavlopoulos ist neuer Staatspräsident.
2018 Griechenland verlässt den EURO-Rettungschirm.
2019 Das griechische Parlament stimmt der Namensänderung des Nachbarlandes FYROM in Republik Nordmazedonien zu.

NATUR & UMWELT

Berge prägen die kretische Landschaft. Vier Massive gliedern die Insel: von West nach Ost zunächst die Weißen Berge (Lefka Ori, bis 2452 m), dann das Ida-Massiv mit dem höchsten Berg Kretas, dem Psiloritis (2456 m), schließlich das Dikti-Massiv mit 2148 m und die Berge von Sitia mit 1450 m.

Kreta liegt mit seiner Südseite genau an der Grenze der eurasischen und afrikanischen Scholle, was immer wieder zu Erdbeben geführt hat. Daher fallen die Berge an der Südseite auch steil ins tiefe Meer ab, während sie im

Norden als sanft abfallende Küstenebenen ins flache Meer auslaufen. Landschaftliche Besonderheiten Kretas sind die mehr als 3000 **Tropfsteinhöhlen,** wilde, oft unzugängliche **Schluchten** und weite, fruchtbare **Hochebenen.** Die bedeutendste Natursehenswürdigkeit der Insel ist der grandiose **Nationalpark Samaria,** eine der größten und tiefsten Schluchten Europas und ein Refugium seltener Orchideenarten. Kräftig dezimiert sind die einst reichen Waldbestände der Insel. Der **Ölbaum** ist an ihre Stelle getreten. Mindestens 25 Mio. Bäume sollen auf Kreta wachsen – nicht alle werden abgeerntet. Weitere häufig anzutreffende Kulturpflanzen sind der Johannisbrotbaum und der Esskastanienbaum, der vorwiegend in Westkreta kultiviert wird (vor allem bei Elos).

Reste der Ursprungsvegetation – Zypressen, Steineichen und Platanen – findet man in den schwer zugänglichen Schluchten an der Südküste. Auch die durch Wilderei vom Aussterben bedrohte kretische Wildziege (Bezoarziege, auch Kri-Kri genannt) hat hier eine Heimat gefunden. Reich sind die Vorkommen an Wildkräutern. Diktam z. B. war schon in der Antike ein Exportschlager, weil er bei Verwundungen das Blut stillt und man ihm auch eine erotisierende Wirkung nachsagt.

Kreta hat keine Umweltverschmutzung verursachende Großindustrie, nur in den Städten ist die Luft durch Autoabgase belastet. Kläranlagen werden seit wenigen Jahren in allen Städten nachgerüstet, auch Hotels (insbesondere die Grecotel-Gruppe) engagieren sich ökologisch. Mit einigen Windparks, vor allem in Ostkreta, hat die Nutzung der Windenergie auch auf Kreta Einzug gehalten. Solarenergie wird schon seit Langem genutzt, fast jedes Haus hat Sonnenkollektoren zur Warmwassergewinnung.

MÜLLPROBLEME AUF KRETA

Jedes Jahr zerreißen die Winterstürme viele der Plastikplanen, unter denen in Kreta Frühgemüse für die Märkte Mitteleuropas reift. Plastikfetzen, so weit das Auge reicht, und keiner ist in Sicht, der sie jemals entfernen würde. Überall in Griechenland wurde in der Vergangenheit mit Plastikverpackungen äußerst großzügig verfahren. Selbst für Kleinsteinkäufe hielten die Verkäufer in den Geschäften Plastiktüten bereit. Bis heute wird das Mineralwasser vorwiegend in Plastikflaschen verkauft. Eine getrennte Müllentsorgung ist zwar vorgesehen, wurde bislang aber noch nicht realisiert. Ökologische Anliegen sind im Parlament kaum ein Thema. Oft wird der Müll einfach verbrannt. Später schiebt man mit Bulldozern Erde darüber, womit das Problem erst einmal »gelöst« ist. Zur Vergrößerung der Müllmenge trägt der Tourismus erheblich bei. Vor allem Urlauber kaufen Wasser in Plastikflaschen in rauen Mengen – trotz der guten Qualität des Leitungswassers. Seit 2018 kosten Plastiktüten 4 Cent. Viele Lokale bieten keine Plastikstrohhalme mehr an.

Die Kaffeehäuser auf Kreta sind meist schon morgens gut gefüllt

DIE MENSCHEN

8000 Jahre Geschichte haben die Kreter geprägt. Unabhängig ist die Insel jedoch selten gewesen. Mit den Römern begann 67 v. Chr. die Abfolge der Fremdherrschaften, die bis 1898 andauerten.

Der jahrhundertelange Widerstand gegen die Besatzer hat den Charakter der Kreter geformt – Patriarchalismus, Stolz, Misstrauen gegen »den Staat« in Athen und ein hoch angesiedeltes Ehrgefühl *(philotimo)*. Wenn die Ehre gekränkt wurde, kam es noch in jüngster Vergangenheit zur Blutrache. Ausdruck der von Widerstandskämpfen geprägten Vergangenheit ist die kretische Tracht: Schwarz wegen der permanenten Trauer um Angehörige und »um Kreta«, dazu blank geputzte, militärisch anmutende Stiefel und ein Dolch im Gürtel. Ausdruck dafür ist auch der Brauch, dass »ein Kreter eine Feuerwaffe trägt«. An den Wänden vieler Kafenia sieht man Fotos, auf denen stolze Familienväter mit dem Gewehr in der Hand und mit umgelegtem Patronengürtel posieren. Ein häufiger Anblick sind auch Straßenschilder, die als Zielscheiben dienten und von Kugeln durchlöchert sind.

Kreter erkennt man oft schon am Namen: »-akis« ist die typisch kretische Endung. Dieses patronyme Suffix, wie die Sprachwissenschaftler sagen, sollte einst zeigen, dass der Sohn vom Vater abstammt. Theodorakis heißt somit »kleiner Theodor«.

Die Stellung der Frau hat sich verändert, Frauen nehmen aktiv am Arbeitsleben teil. Erst 1983 wurden griechische Eheleute vor dem Gesetz gleichgestellt, Ehebruch straffrei gestellt, das Recht des Mannes auf eine

Mitgift als Entschädigung für die Heirat abgeschafft. Familiärer Zusammenhalt und gemeinsam verbrachte Zeit sind sehr wichtig. Ein besonderes Problem stellt die Arbeitslosigkeit der jungen Menschen dar, sie liegt derzeit bei 38 %. Die Jugendlichen haben kaum Möglichkeiten für eine Ausbildung, das belastet die Familien sehr.

KUNST & KULTUR

Schon Jahrhunderte vor Homer war auf der südlichsten Insel im Mittelmeer die erste Hochkultur auf europäischem Boden entstanden. Sie strahlte auf das griechische Festland und weiter aus.

Die Fresken von Knossos zeigen eine friedliche Welt, eine Welt der Lebenslust, des Sports und des Spiels. Auf Darstellungen herrscherlicher Macht verzichteten die Minoer, dafür bildeten sie lieber prächtig gekleidete und barbusige Frauen ab.

KRISE AUCH AUF KRETA

Griechenland befindet sich seit 2010 in einer massiven Wirtschaftskrise – die Staatsverschuldung führte fast zum Staatsbankrott. Auch Kreta, dank Tourismus und Landwirtschaft wirtschaftlich besser gestellt als andere Teile Griechenlands, leidet bis heute darunter. Die EU versuchte angesichts der gemeinsamen Währung den Bankrott zu verhindern und startete ein finanzielles Hilfsprogramm. Nach acht Jahren lief das Programm aus. Selbst Experten streiten über die Frage, wie das Land seine Staatsschulden an die Helfer zurückzahlen kann.

Trotz der Hilfe sind die Griechen in einer wirtschaftlichen Misere. Massive Steuererhöhungen und Sparprogramme des Staates hatten die Wirtschaft nicht ausreichend gestärkt. Die Maßnahmen ließen zahlreiche Menschen verarmen: Der Mittelstand hatte seine Ersparnisse aufgebraucht, die Kürzung der Renten verschärfte die Altersarmut. Die privaten Schulden der Griechen sind stark angestiegen. Es mangelt weiterhin an Arbeitsplätzen.

Die Opposition warf der Regierung in Athen vor, Hoffnungslosigkeit erzeugt zu haben. Im Sommer 2018 versprach die Regierung Tsipras ihren Bürgern nach Zeiten großer Entbehrungen die Steuern wieder ein bisschen zu senken. Weitere Reformen sollen folgen, dem stehen viele Griechen skeptisch gegenüber. Ein wirtschaftliches Wachstum zeichnet sich im Tourismus ab, viel Geld fließt dabei allerdings ins Ausland. Industrie gibt es kaum auf Kreta.

MINOISCHE ARCHITEKTUR

Die minoische Zivilisation war genauso in technischer Hinsicht hoch entwickelt. So gab es in Knossos ein ausgeklügeltes Kanalisationssystem mit drei verschiedenen Leitungen: eine für Quellwasser, eine für Regenwasser und eine dritte für Schmutzwasser und Fäkalien. Gepflasterte, sorgfältig instand gehaltene Straßen verbanden die Palastzentren miteinander. In dieses Straßennetz waren auch Fischer- und Bauerndörfer wie Gournia oder Palekastro in Ostkreta, außerdem Heiligtümer und Villen auf dem Lande wie Tilissos oder Vathipetro in Mittelkreta einbezogen.

Die minoische Siedlung Roussolakkos in Palekastro

Allen diesen Bauten gemeinsam ist die wabenartige Grundkonstruktion: Kleine, verschachtelte Räume, vor- und zurückspringende Fronten, verwinkelte Gänge und Lichtschächte bilden ein komplexes Raumgefüge. Kein Wunder, dass den späteren Griechen diese fremdartige Architektur, die ihrer eigenen, symmetrischen ganz entgegengesetzt war, »labyrinthisch« erschien.

Die Mauern der Häuser und der Paläste wurden aus luftgetrocknetem Lehm gebaut und mit Holzfachwerk verstärkt. Unten und an den Ecken lagen Quadersteine aus Kalkstein. Innen waren die Mauern mit einem Putz aus Strohgehäcksel und Lehm oder mit Alabasterplatten verkleidet. Manchmal bemalte man den Putz mit farbenfrohen Szenen in Freskotechnik.

Allen Palästen sind folgende Bauteile gemeinsam: ein Zentral- und ein Westhof, auf denen rituelle und sportliche Versammlungen stattfanden, beispielsweise kultische Stierspiele oder kollektive Gebete, wie sie auf Abbildungen zu sehen sind. Auf leicht erhöhten Prozessionswegen bewegten sich Männer und Frauen in Reih und Glied und brachten Opfer dar. Eingetiefte Lustralbäder für kultische Reinigungen *(Katharsis)* finden sich in allen Palästen ebenso wie das Polythyron, eine Front aus Pfeilern und Türen, die man wie in einem Wintergarten je nach gewünschtem Raumklima öffnen und schließen konnte.

MINOISCHE WANDMALEREI

Abgebildet sind Motive aus der Natur, zum Beispiel Lilien, Affen und Rebhühner in einer Fantasielandschaft. Es handelt sich um eine reine Flächenmalerei; Raumtiefe wird wiedergegeben, indem an allen vier Seiten des

Bildes Landschaftselemente dargestellt sind, die auf die Mitte weisen. Auf repräsentativen Prozessions- und Kultbildern werden minoische Frauen mit weißer und Männer mit roter Hautfarbe dargestellt, die Opfer darbringen. Sie tragen Rhyta in der Hand, Spendegefäße mit einem Loch im Boden, das bis zur Darbringung des Spendeopfers mit der Hand abgedeckt wurde.

VENEZIANISCHER FESTUNGSBAU

Für die venezianischen Besatzer Kretas stand der Hauptfeind im Osten. 1522 war der Ritterstaat der Johanniter von Rhodos gefallen, 1571 lag Zypern in der Hand des Feindes. Kreta behauptete sich in jenen Jahren als eine der letzten christlichen Bastionen im östlichen Mittelmeerraum. So wurden unter der Leitung italienischer Baumeister wie Michele Sanmicheli (1484 bis 1559) die Festungen um die kretischen Städte Iraklion, Rethimnon und Chania und die Inselfestungen Gramvousa, Souda und Spinalonga modernisiert. Die Mauern dieser Festungen waren abgeschrägt, um die Wucht der aufschlagenden Kanonenkugeln zu mildern. Ein Glacis (Vorfeld) und ein Wassergraben sollten die Feinde zusätzlich abschrecken.

Blattförmige Bastionen waren den Mauern vorgelagert, damit man die Mauerabschnitte besser kontrollieren konnte. Für die Renaissancearchitekten und ihre Auftraggeber war eine Festung jedoch nicht nur Zweckbau, sondern auch ästhetisches Objekt, das die Überlegenheit westlicher Zivilisation ausdrücken sollte. Die sternförmigen Grundrisse gehen auf Überlegungen des Renaissance-Universalgenies Alberti zurück: Ein Idealstaat solle auch eine ideale Ummauerung haben.

BYZANTINISCHE KUNST

Die schönsten Beispiele byzantinischer Kunst auf Kreta findet man in der Panagia Kera bei Kritsa › S. 132, in der Kirche gleichen Namens an der Zufahrt von Iraklion zur Lassithi-Ebene › S. 127, in den Klöstern Gonia, Valsa-

KERAMIK DER MINOER

Die Gattung der Kamares-Vasen stammt aus der Älteren Palastzeit und ist benannt nach ihrem Hauptfundort, der Kamares-Höhle an der Südseite des Ida-Massivs. Kennzeichnend für den **Kamares-Stil** ist die polychrome Bemalung auf dunklem Grund, Motive der Natur sind mit bloßen Ornamenten wie Spirale, Wellenband oder Rosette zu einer harmonischen Einheit verbunden.

In die Jüngere Palastzeit gehören der **Florastil** und der **Meeresstil.** Vasen des Florastils sind vollständig mit Blättern und anderen pflanzlichen Motiven bedeckt, beliebte Motive des Meeresstils waren Oktopus, Nautilus, Seesterne und Korallen. Die Gefäße wurden entweder als Grabbeigaben, als Weihgeschenke in Heiligtümern oder in den Palästen als »Palastgeschirr« gefunden.

monero und Toplou und im Ikonenmuseum in Iraklion.

In der Festung Spinalonga

Alle diese Beispiele stammen aus dem venezianisch beherrschten Kreta. Kein Wunder also, dass die kretischen Werke von den Kunstauffassungen der Venezianer beeinflusst sind. Je nach Stärke dieses Einflusses unterscheidet man beispielsweise eine traditionelle Malweise von einer »verwestlichten«, die italienische Inhalte und Formen rezipiert wie den Naturalismus, die Raumtiefe und die Perspektive. Diese verwestlichte Kunst bezeichnet man als Kretische Schule. Ihr bedeutendster Vertreter war Michalis Damaskinos, der Lehrer El Grecos; sechs seiner Werke befinden sich im Ikonenmuseum in Iraklion.

Die Kirchen sind in der Regel nach dem orthodoxen Bildprogramm ausgemalt, das sich klar in eine vertikale und eine horizontale Hierarchie gliedern lässt. Die orthodoxe Kirche betont die Gottnatur Jesu, seine Mutter Maria wird als *Theotokos* (Gottesgebärerin) dargestellt. In der vertikalen Hierarchie blickt Jesus von der Kuppel als *Pantokrator* (All- oder Weltenherrscher) streng auf die Gläubigen herunter. Im Tambour der Kuppel folgen die Propheten und die Erzengel mit Speeren in der Hand. Sie stehen gleichsam als Militär an der Seite des Herrschers Jesus, dieser wiederum kann als himmlischer Vertreter des byzantinischen Kaisers interpretiert werden.

In der Hierarchie folgen die Evangelisten Matthäus, Markus, Lukas und Johannes in den Sphärischen Dreiecken, die den Übergang vom Rund der Kuppel zur Vierung des Kirchenschiffs bilden. In der untersten Zone der vertikalen Hierarchie stehen Heilige, Asketen wie der heilige Antonius, Wunderheiler wie die heilige Paraskevi, Märtyrer wie der heilige Georg.

Horizontal wichtigster Teil der Kirche ist der Altarraum mit der Apsis, in der oben Maria und darunter die vier kanonischen Kirchenväter der Orthodoxie dargestellt sind: Johannes Chrysostomos, Gregor von Nazianz, Basilius der Große und Athanasius. Es folgen die Ikonostase, die Bilderwand, der Gemeinderaum und zuletzt Ausgang und Vorraum der Kirche, der Narthex. Über dem Ausgang oder im Narthex ist oft das Jüngste Gericht mit Höllenqualen oder Paradies zu sehen. Es führte den Gläubigen beim Verlassen der Kirche vor Augen, was geschehen könnte, wenn sie sich den Forderungen von Staat und Kirche widersetzen.

Reigentänze sind in der kretischen Kultur fest verwurzelt

VOLKSDICHTUNG: MANTINADES UND RIZITIKA, MUSIK UND TANZ

Mantinades und Rizitika sind komponiert aus rhythmischen Reimpaaren, die zum Streichinstrument Lyra und zum Zupfinstrument Laouto gesungen werden. Die Lieder handeln von Liebe, Schmerz oder Krieg, aber auch den Sorgen des Alltags. Gesungen werden sie bei Taufen und Hochzeiten, bei Heiligenfesten – oder im geselligen Kreis, der *Parea*.

In Hochzeitsliedern wird der Mann gerne als Adler dargestellt. Der Adler ist kühn, stark und tapfer, er übt von hoch oben die Kontrolle aus. Die Braut dagegen ist ein Rebhuhn, klein und hübsch anzusehen, dafür aber nicht sehr beweglich – Rebhühner können nur wenige hundert Meter in einem Zuge fliegen.

Haben die Teilnehmer eines Festes ihr Abendessen beendet – meist erst gegen 23 Uhr – und sind Lyra und Laouto in Fahrt gekommen, dann wird getanzt. Kretische Tänze sind keine Paartänze, stattdessen fassen sich Männer wie Frauen im offenen oder geschlossenen Reigen zu mehreren an den Schultern oder an den Händen. Vor allem drei Tänze sind immer wieder zu sehen: der Pentozalis, der Chaniotikos und die Sousta. Am mitreißendsten ist die schnelle Sousta; bei ihr scheint sich lediglich der Unterkörper der Tanzenden zu bewegen, die Schultern bilden eine gerade Linie.

Wer nicht das Glück hat, privat eingeladen zu sein, hat zwei Möglichkeiten, kretische Tänze zu sehen. Man besucht ein Heiligenfest › S. 46 oder (freitags bzw. samstags) eines der *kritika kentra*, der großen Musiklokale, in denen fast nur Kreter verkehren.

LITERATUR

Der im Ausland bekannteste Schriftsteller Griechenlands ist der Kreter Nikos Kazantzakis (1883–1957). Als Kind erlebte er die Aufstände gegen die türkische Herrschaft, sein Vater war aktiver Kämpfer. Erfahrungen aus dem Freiheitskrieg und religiöses Erleben wurden die Hauptthemen seiner späteren Bücher. Um der Beschränktheit seiner Religion, der Orthodoxie, zu entkommen, studierte er Buddhismus und Christentum. Franz von Assisi, der sein Leben den Armen widmete, wurde sein Vorbild, ebenso der weltoffene Maler El Greco. Als Männer der Tat verehrte er Lenin und den Wanderarbeiter Georgios Sorbas, dem er mit seinem Erfolgsroman »Alexis Sorbas« (1946) ein literarisches Denkmal setzte. Weitere Hauptwerke sind »Freiheit oder Tod« (1953) und »Rechenschaft vor El Greco«. Letzteres ist eine Autobiografie, geschrieben 1957, kurz vor seinem Tod.

Ein bekannter zeitgenössischer Autor ist Petros Markaris, von dem einige Krimis um den Kommissar Kostas Charitos auch auf Deutsch erschienen sind: u. a. »Live!« (2005), »Balkan Blues« (2007), »Der Großaktionär« (2008), »Faule Kredite« (2012), »Zahltag« (2014), »Abrechnung« (2014), »Zurück auf Start« (2015), »Der Tod des Odysseus« (2016) und »Offshore« (2017).

ALEXIS SORBAS UND DER SIRTAKI

Der Film »Alexis Sorbas« hat Nikos Kazantzakis und seinen Roman international berühmt gemacht: Der englische Schriftsteller Basil, der lieber ein Buch über die Liebe liest, als sich zu verlieben, schließt hier Freundschaft mit dem lebenserfahrenen Sorbas, der leidenschaftlich tanzt und die Kunst der Verführung beherrscht. Sie versuchen als Männer der Tat ein Bergwerk auf Kreta auszubeuten, beide knüpfen sie delikate Beziehungen zu Frauen an.

Michael Cacoyannis, ein Hollywood-Regisseur zypriotischer Herkunft, hat 1964 den Film gedreht. In den Hauptrollen glänzen Anthony Quinn als Sorbas, Alan Bates als Basil und Irini Papas als attraktive Witwe. Der berühmte »Sirtaki«, den Anthony Quinn am Strand von Stavros tanzte, wurde extra für den Film erfunden. Weil Anthony Quinn die komplizierten kretischen Tänze so schnell nicht lernen konnte, komponierte Mikis Theodorakis für ihn diese einfache Filmmusik, die schnell weltweit populär wurde. Heute fehlt sie auf keinem »kretischen Abend« und ist überall zu kaufen.

FESTE & VERANSTALTUNGEN

40 Tage vor Ostern: Karneval (besonders ausgelassen gefeiert in Rethimnon).

Osterwoche: Trauriger Höhepunkt der Osterwoche ist die Epitaphios-Prozession am Karfreitag, fröhlicher Höhepunkt am Samstag um Mitternacht: Der Priester ruft *Christos anésti* (Christus ist auferstanden) und reicht eine Kerze aus dem Altarraum. An ihr zünden die Umstehenden ihre mitgebrachten Kerzen an und reichen das Licht weiter an alle anderen. Vor der Kirche wird ein Holzstoß angezündet, auf dem symbolisch Judas verbrannt wird. Mit der brennenden Kerze in der Hand gehen alle nach Hause. Weit nach Mitternacht wird die Lamminnereien-Suppe *Majiritsa* verzehrt. Am Ostersonntag drehen sich überall Lammspieße über dem Holzkohlenfeuer. Die nächsten orthodoxen Ostersonntage: 19. April 2020, 2. Mai 2021, 17. April 2022, 9. April 2023.

Osterprozession am Karfreitag in der Großen Minaskirche in Heraklion

März: 25. März – Nationalfeiertag und Mariä Verkündigung. **Militärparaden und Schulkinderumzüge.**

April: 23. April – Panijiria (Kirchweihfest) zu Ehren des hl. Georg bei den Georgskirchen. (Wenn dieser Tag in die Fastenzeit fällt, wird er am Ostermontag gefeiert.)

Mai: 1. Mai – Der Tag der Arbeit wird auch als **Frühlingsfest** gefeiert. Blumenkränze hängen an den Haustüren, es wird im Freien gegrillt. **20.–27. Mai** – In Chania Woche des Gedenkens an die »Schlacht um Kreta« von 1941.

Juni: 24. Juni – In vielen Dörfern **Sonnwendfeiern,** zu denen junge Männer über Holzfeuer springen. Gleichzeitig Tag der Geburt Johannes des Täufers.

Juli: 3. Juli – Fest des hl. Iakinthos auf der Nida-Hochebene. Im **Juli und August** finden **Weinfeste** in Rethimnon, Iraklion und Dafnes statt, ferner **Konzerte** und **Schauspielabende** in Iraklion; **Kretische Abende** in touristischen Orten; **Festival Jazz** in Vamos; **Renaissance-Festival** in Rethimnon; **Mirabello-Festival** in Agios Nikolaos; **Kulturfestival »Kornaria«** in Sitia.

August: 5.–7. Aug. – Prozession von Archanes auf den Jouchtas (Verklärung Christi). **10.–15. Aug. – Lyra-Musik-Festival** in Anogia. **15. Aug.** – In vielen Orten, Kirchen und Klöstern wird Mariä Entschlafung (Himmelfahrt) gefeiert, besonders schön in Neapoli nahe Ag. Nikolaos. **Festival des politischen Liedes** in Vamos.

Zweite Augusthälfte: dreitägiges **Folklorefestival** in Kritsa. **25. Aug.** – Große Prozession in Iraklion und in Gortis zu Ehren des hl. Titus.

September/Oktober: Fest des Timios Stavros auf vielen Bergspitzen. Festtage in der Altstadt von Rethimnon mit Kulturevents.
Oktober: 28. Okt. – Nationalfeiertag, Ochi-(Nein-)Tag. Am 28. Oktober 1940 widersetzte sich Griechenland dem italienischen Ultimatum zur Kapitulation. **Militärparaden und Umzüge der Schulkinder.**
November: 7.–9. Nov. – Feierlichkeiten am Kloster Arkadi und in Rethimnon zum Gedenken an den Aufstand von 1866. Militärparaden und Schulkinder-Umzüge.

ESSEN & TRINKEN

WOHIN ZUM ESSEN?

Die griechische Küche ist rustikal und volkstümlich. Man unterscheidet grundsätzlich zwischen bereits fertig gekochten Gerichten, die gleich serviert werden und der Zubereitung auf Bestellung *(tis oras)*, die etwas länger dauert. Die Griechen gehen erst sehr spät am Abend essen, 22.30 Uhr ist nicht ungewöhnlich, und dann am liebsten in großer Gesellschaft, der *Parea*.

Das *Estiatorion* serviert Speisen von der Warmhalteplatte, die *Taverna* zusätzlich frisch gegrilltes oder gebratenes Fleisch. Eine Variante der Taverna ist die *Psarotaverna*, die Fischtaverne, sowie die *Psisteria*, in der Gegrilltes vom Spieß serviert wird. Ins Estiatorion geht man nur zum Essen, in die Taverne abends zum Vergnügen. Inzwischen verwischen sich aber die Gattungen, und es sind noch andere Restaurantarten hinzugekommen: die Pizzeria, die Snackbar und ausländische – französische, chinesische, deutsche – Restaurants. Neben Speiselokalen gibt es die *Ouzeri*, in der man Raki oder Ouzo trinkt und dazu *Mezedes* (Appetithappen) isst. Verschiedene Mezedes auf einem Teller nennt man *Pikilia* (bunte Platte). Im Trend sind auch *Mezedopolia*, Lokale mit einer großen Auswahl an Vorspeisen.

BESONDERS GUTE KÜCHE

- **Ta Neopia** in **Chania** Eine gute Adresse für Liebhaber von Fisch und Meeresfrüchten. > **S. 64**
- **Herbs' Garden** in **Iraklion** Gourmettempel im Hotel Lato, kreative griechische Küche. > **S. 108**
- **Kyriakos** in **Iraklion** Traditionelle kretische Küche, reichhaltig und bodenständig. > **S. 108**
- **Pelagos** in **Agios Nikolaos** Köstliche Gerichte, schattige und gemütliche Terrasse. > **S. 131**
- **Creta Embassy** in **Agios Nikolaos** Auf Fisch und Meeresfrüchte spezialisiert. > **S. 131**

FISCH VOM FEINSTEN

Frischen Fisch verstehen die Griechen ausgezeichnet zuzubereiten. Man isst ihn – gewöhnlich gegrillt und mit Zitronensaft beträufelt – am besten in den Tavernen nicht allzu touristischer Hafenorte *(Psa-*

Kretische Käse werden überwiegend aus Schafsmilch in den Bergdörfern hergestellt

rotaverna). Allerdings ist Fisch, den man sich selbst aussucht und der nach Gewicht berechnet wird, recht teuer, denn die Ägais ist ziemlich leergefischt, und oft wird Atlantik-Fisch eingeflogen.

VIELFALT AN VORSPEISEN

Sehr beliebt sind *Taramosalata* (Fischrogencreme), *Melitsanosalata* (Auberginenpaste), *Tsatsiki* (Joghurt mit frischer Gurke, etwas Zitronensaft und Knoblauch), gebackene Auberginen- oder Zucchinischeiben, *Tirosalata* (Käsepaste), *Skordalia* (Knoblauch-Kartoffelpüree), *Kalamarakia* (Tintenfischringe) und *Dakos* (getrocknetes Brot, belegt mit Tomatenscheiben und Feta). Allgegenwärtig ist der griechische Bauernsalat *(Choriatiki)* aus Tomaten, Gurken, Zwiebeln und Feta.

NACHTISCH

Als Dessert isst man, wenn vorhanden, gewöhnlich Obst der Saison. Kaffee und Süßes werden traditionell nicht in den Restaurants serviert. Dazu wechselt man ins *Zacharoplastion*, wo man zu verführerisch-süßen Naschereien einen Kaffee schlürfen kann. Im *Galaktopolion* werden Milchprodukte, im *Kafenion* nur Kaffee, Ouzo und Erfrischungsgetränke angeboten.

GETRÄNKE

Wenn man in einem Touristenlokal nicht explizit griechischen Kaffee bestellt, wird normalerweise Nescafé serviert. Im Sommer hat er, kalt aufgeschäumt als Frappé, den starken *elliniko kafe*, den man ungesüßt *(sketo)*, mit etwas Zucker *(metrio)* oder süß *(gliko)* bestellen kann, schon fast als kretisches Nationalgetränk abgelöst.

SPEZIALITÄTEN KRETAS

Was hat Kreta an kulinarischen Besonderheiten? Da wären zunächst die Käsesorten. Der weiche Quarkkäse *Anthotiro* schmeckt etwas salziger als *Mizithra*, aber nicht so salzig wie Feta. Bröcklig und hart ist dagegen der *Kefalotiri*. Beide Sorten werden von den Schaf- und Ziegenzüchtern in den Bergen Kretas hergestellt. Zum Anthotiro oder Kefalotiri essen die Bauern in abgelegenen Gebieten, wo der nächste Bäcker weit ist, *Paximadi*, ein schrothaltiges getrocknetes Brot (ähnlich wie Zwieback), das vor dem Verzehr in Wasser eingeweicht werden muss.

Unter den nichtalkoholischen Getränken zählen die Bergtees zu den kretischen Spezialitäten. *Malotira* (*male* und *tirare*: der die Übel herauszieht) und *Diktamus* lindern alle möglichen Beschwerden.

Der kretische Nationalschnaps ist der *Raki*, ein Tresterschnaps, der als bewährtes Allzweckheilmittel gilt. Oftmals wird er zur Begrüßung angeboten. In vornehmen Hotelbars und Touristenorten findet man ihn nicht. Er wird in erster Linie für den Hausgebrauch hergestellt – wenn möglich, brennt man sich den Raki selbst.

Ähnliches gilt für die rötlichen Landweine Kretas, die überall anders schmecken. Sie werden als Fassweine aber nur von den Wirten ausgeschenkt, die die Tradition aufrechterhalten wollen, denn Flaschenweine bringen mehr ein. Wer sie probieren möchte, frage in den Dorftavernen nach *chima* oder nach *krassi apo to vareli*, offenem Wein.

WEGWEISER ZUM GUTEN RESTAURANT

Griechische Restaurants sind amtlich in Kategorien eingeteilt – von Luxusklasse mit sauberen Tischdecken und vielleicht Kerzenschein bis zum einfachen Lokal, wo man unter grellem Neonlicht auf abwischbaren Plastiktüchern isst. Allerdings sagt die Kategorie nichts über die Qualität des Essens aus, sondern nur über die Ausstattung des Lokals. Wer es authentisch mag: Restaurants, die auch im Winter geöffnet haben, in denen das Brot frisch ist und man das reine Olivenöl herausschmeckt, wo nicht Reis und Kartoffeln als Kombibeilage neben dem Souvlaki liegen, sind in der Regel eine gute Wahl.

MÄRKTE AUF KRETA

- Ein überbordendes Angebot an Waren lockt in der **Markthalle von Chania.** › S. 61
- **Der Bauernmarkt in Iraklion** K3 findet samstags von 8–15 Uhr in der Od. Ikarou statt.
- **In der Marktgasse von Iraklion** mit ihren zahlreichen Verkaufsständen herrscht eine quirlige Basaratmosphäre. › S. 105
- Dienstags wird auf dem **bunten Bauernmarkt in Agios Nikolaos,** Konstantinou Paleologou M4, neben Obst und Gemüse u. a. auch Kleidung angeboten (8–14 Uhr).

Fußpfade führen über
die unbewohnte Insel Elafonisi
im Südwesten Kretas

TOUREN & SEHENSWERTES

REGIONAL-BEZIRK CHANIA

Morgenstimmung am
Venezianischen Hafen
in Chania

Im Bezirk Chania begeistern Reste venezianischer und türkischer Architektur in Chania, abgeschiedene Fischerdörfer an der Südküste, Naturerlebnis in der Samaria-Schlucht und Südsee-Feeling am Strand von Elafonisi.

Der westlichste und grünste Regionalbezirk ist nach der schönsten Stadt Kretas benannt: **Chania.** Altstadt und Hafen ziehen den Besucher in ihren Bann. Gäste flanieren auf der Promenade und bevölkern die zahlreichen Lokale am Wasser. Doch bereits wenige Kilometer außerhalb der zweitgrößten Stadt Kretas überraschen typisch kretische Dörfer mit Ursprünglichkeit und Ruhe.

Neben Chania zählt die weltbekannte **Samaria-Schlucht** zu den Hauptattraktionen. Wer sie entdecken will, braucht körperliche Fitness und Ausdauer.

An der Nordküste erstrecken sich lange Sandstrände. So hat sich dort der organisierte Tourismus etabliert, etwa in **Georgioupolis.** Ein beliebtes Ziel für Wanderer sind die Weißen Berge mit Kretas zweithöchstem Berg **Pachnes** (2452 m). Im Spätwinter kann man dort sogar Skitouren unternehmen. Ganz im Südwesten zeigt sich dann die Insel von einer anderen, nicht weniger reizvollen Seite: am karibisch anmutenden Strand von **Elafonisi.**

An der schwerer zugänglichen **Südküste** sind die Buchten dagegen ein Ziel für Individualurlauber geblieben. So bleiben auch in **Chora Sfakion,** dem Hauptort des wilden Südens, nur wenige Gäste zurück, wenn abends die Tagesbesucher wieder abgefahren sind. Das nur mit dem Schiff zu erreichende **Loutro** zählt zu den Highlights für all jene, die griechisches Flair und eine spektakuläre Szenerie suchen. Die Atmosphäre in den kleinen Dörfern an der Südküste ist um einiges ursprünglicher als im Norden. Aber auch dort besteht längst eine gute Infrastruktur mit familiär geführten Pensionen und kleinen Apartmenthäusern. Und kaum eine Bucht ist so abgelegen, dass es nicht doch eine Strandtaverne gäbe. Auf Ost-West-Verbindungen per Autostraße muss man allerdings verzichten. Die Verbindung zwischen den Küstenorten von **Paläochora** bis Chora Sfakion stellen Fähren sicher.

Loutro ist nur per Schiff zu erreichen.

TOUREN IN DER REGION

TOUR 1

KRETAS KARIBIK

ROUTE: Chania › Platanias › Kastelli › Elafonisi

KARTE: Seite 56
DAUER: Tagestour; 110 km (einfache Strecke)
PRAKTISCHE HINWEISE:

- Die Tour wird als organisierter Ausflug von Reisebüros angeboten.
- Wer sie mit dem Mietwagen macht, kann von Elafonisi über eine Berg-Schotterpiste weiter bis Paläochora › S. 75 fahren.

TOUR-START:

Ganz im Südwesten zeigt sich Kreta von einer tropischen Seite, wie man sie im Mittelmeerraum nicht allzu häufig antrifft: türkisfarbenes Wasser und weißer Strand. Ganz klar, dass man an diesem paradiesischen Flecken mal die Füße in den warmen Sand gesteckt haben will.

Doch zuerst führt die Route von **Chania** 4 › S. 60 an der Küste entlang durch touristisch erschlossenes Gebiet. Die gut ausgebaute Küstenstraße passiert Platanias und Maleme › S. 60.

Auf dem Weg nach Kastelli lohnt ein Stopp im House of Art in **Kaloudiana** in der Odos Skalidi. Manolis Tsouris fertigt hier in seiner Werkstatt Nützliches sowie kleine und große Kunstwerke aus Olivenholz und Stein. Bald danach erreicht

Die Kirche der hl. Evangelistria (Verkündung) in Paläochora überragt den ganzen Ort

man **Kastelli Kissamou** 1 > S. 59 mit seiner Promenade vor einem hübschen Kiesstrand. Ein paar Kilometer nach dem Ort geht es auf kurviger Straße nach Süden.

Kurz vor Elafonisi passiert man das sehenswerte **Kloster Chrisoskalitissa** 25 > S. 77, umgeben von einer ganz und gar friedlichen Atmosphäre.

Und schließlich wartet die kretische Karibik auf: Bei **Elafonisi** 24 > S. 76 breitet sich vor dem Besucher eine atemberaubende Szenerie aus. Weiße, feinsandige Strände laden zum Baden ein. Bequem watet man durch türkisfarben schimmerndes, kristallklares Wasser zu einer kleinen Insel. In der Hochsaison muss man sich allerdings auf viele Urlauber einstellen, die genauso neugierig auf diesen wunderbaren Strand sind. Erlebenswert bleibt es dennoch, dem Charme des Ortes kann man sich kaum entziehen. Am frühen Morgen und abends ist am wenigsten los.

TOUR 2

INS BACKPACKER-PARADIES

ROUTE: Chania > Maleme > Kandanos > Paläochora > Insel Gavdos

KARTE: Seite 56
DAUER: 1–2 Tage (ohne Gavdos); 85 km (einfache Strecke)

PRAKTISCHE HINWEISE:

- Von Chania fahren täglich Busse nach Paläochora. Von dort starten Fähren nach Gavdos > S. 76.

TOUR-START:

Individualtouristen wissen, wo die Strände gut sind. Aus diesem Grund zieht es sie in den Inselsüden – nach Paläochora und in die benachbarten Küstenorte Koundoura und Sougia. Eine Stippvisite ist die Südküste aber auch für alle anderen wert.

Westlich von **Chania** 4 > S. 60 drängen sich etliche Hotelanlagen an den schmalen Stränden zwischen Hauptstraße und Meer – hier liegt eine Hochburg des Pauschaltourismus, aber die zu den hübschen Stränden führenden kleinen Sträßchen haben durchaus Charme. Auf der Strecke passiert man den Küstenort Maleme > S. 60 und den deutschen Soldatenfriedhof.

Geschichtlich Interessierte können in **Kandanos** 21 > S. 75, das im Zweiten Weltkrieg von deutschen Truppen zerstört wurde, Halt machen. Von dort geht es dann weiter zum eigentlichen Ziel: nach **Paläochora** 22 > S. 75 an der Südküste. Einst war »Pale« die Hochburg der Rucksackreisenden. Bis heute zieht es wegen seiner schönen Lage an der Südküste, der weitläufigen Strände und der günstigen Unterkünfte zahlreiche Individualurlauber an. Besonders reizvoll ist der Ort abends, wenn die Hauptstraße zur Fußgängerzone wird und sich alle in den zahlreichen Tavernen und Cafés treffen. Es lohnt sich also, in Paläochora zu übernachten.

Wer noch mehr Ruhe, Einsamkeit, einfaches Leben und schöne Strände liebt, der nimmt in Paläochora eine Fähre zur einsamen **Insel Gavdos** 23 > S. 76 und bleibt ein paar Tage auf Griechenlands südlichstem Vorposten. Badekleidung, Wanderschuhe und ein gutes Buch, mehr braucht man dort nicht. Lassen Sie die Betriebsamkeit einfach hinter sich!

TOUR 3

DIE SAMARIA-SCHLUCHT

ROUTE: Chania > Omalos-Ebene > Samaria-Schlucht / Samaria > Agia Roumeli > Chora Sfakion > Chania

KARTE: Seite 56

TOUREN IM REGIONALBEZIRK CHANIA

TOUR 1

KRETAS KARIBIK

Chania > Platanias > Kastelli > Elafonisi

TOUR 2

INS BACKPACKER-PARADIES

Chania > Maleme > Kandanos > Paläochora > Gavdos

TOUR 3

DURCH DIE SAMARIA-SCHLUCHT

Chania > Omalos-Ebene > Samaria-Schlucht/Samaria > Agia Roumeli > Chora Sfakion > Chania

TOUR 4

IN DEN WILDEN SÜDEN

Chania > Vrisses > Imbros > Chora Sfakion > Frangokastello

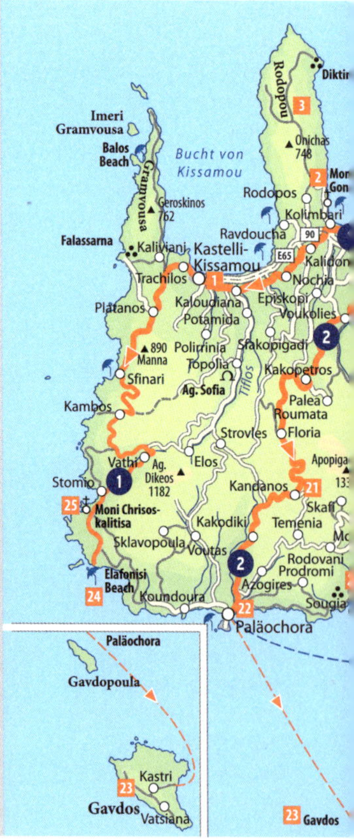

DAUER: 1 Tag; die Wanderung ist etwa 16 km lang

PRAKTISCHE HINWEISE:

- Am besten per Linienbus oder mit einer organisierten Tour.
- Mit dem Pkw ist die Tour nur möglich, wenn man früh nach Xiloskalo gefahren wird und später in Agia Roumeli abgeholt wird.
- Wichtig sind gute Schuhe, genug Wasser und Sonnenschutz.

TOUR-START:

Die Wanderung durch die berühmte **Samaria-Schlucht** 18 › S. 71 zählt ohne Zweifel zu den Höhepunkten eines Kreta-Urlaubs. Sie ist landschaftliches und sportliches Erlebnis gleichermaßen. Aus Iraklion, Rethimnon und Chania starten Linienbusse frühmorgens hinauf zur Omalos-Ebene, dem Ausgangspunkt der Wanderung. Die Wanderung selbst ist durchaus anspruchsvoll und dauert fünf bis sechs Stunden. Man soll-

Auf der Etappe Agia Roumeli–Loutro des Fernwanderwegs E4

te also bei guter Kondition sein. Der Weg folgt einem Flussbett durch Waldbestand mit alten Bäumen. An der schmalsten Stelle, der Eisernen Pforte, verengt sich die Schlucht auf 3 m und die Felswände ragen 600 m steil empor.

Restaurants und Getränkekioske gibt es nur in Agia Roumeli, dem Endpunkt der Wandertour, nicht in der Schlucht. Auf halber Strecke, in dem verlassenen Dorf Samaria, das heute der Sitz des Naturschutzwärters ist, gibt es einen Picknickplatz und ein Notfalltelefon. Von Agia Roumeli aus erreicht man am späten Nachmittag das kleine Hafenstädtchen Chora Sfakion, von wo man per Bus den Rückweg antritt.

Wer nur einen kurzen Eindruck gewinnen möchte, fährt nach **Agia Roumeli** 19 › S. 74 am meerseitigen Ausgang der Schlucht. Von dort ist ein kurzer, einstündiger Schluchtbesuch möglich. Wer die ganze Schlucht durchwandern möchte, sollte dies bergab von der Omalos-Ebene hinab zum Meer tun.

TOUR 4

IN DEN WILDEN SÜDEN

ROUTE: Chania › Vrisses › Imbros › Chora Sfakion › Frangokastello

KARTE: Seite 56

DAUER: 1–2 Tage; 94 km (einfache Strecke)

PRAKTISCHE HINWEISE:

- Die Hälfte der Strecke ist eine kurvenreiche Bergstraße. Am besten fährt man sie mit dem Pkw. Mit Linienbussen ist sie kaum an einem Tag zu bewältigen.

TOUR-START:

Der Süden Kretas ist touristisch weit weniger erschlossen als der Norden und fasziniert mit eindrucksvollen Gebirgslandschaften, typischen Orten, atemberaubenden Ausblicken und einsamen Stränden.

Die Tour verläuft zunächst an der Ostseite der Weißen Berge (Lefka Ori) nach **Vrisses** 13 › S. 68. Dort geht es nun in Serpentinen hinauf über die Askifou-Hochebene und durch Ammoudari nach Imbros. Das ist Ausgangsort für die Wanderung durch die **Imbros-Schlucht** 14 › S. 68, einer guten Alternative zur Tour durch die Samaria-Schlucht, zumal man das Erlebnis nicht mit Tausenden von Menschen teilen muss. Auch die Ausblicke von der Straße sind spektakulär, sie schmiegt sich eng an steil abfallende Hänge, tief unten in der Schlucht verläuft der Maultierpfad.

Über Serpentinen geht es hinunter nach **Chora Sfakion** 15 › S. 68, der ruhigen Hafenstadt am Libyschen Meer. Nur am Spätnachmittag ist sie für kurze Zeit von zahlreichen erschöpften Touristen, den Bezwingern der Samaria-Schlucht bevölkert. Sie warten hier in den zahlreichen Kafenia und Tavernen auf ihren ersehnten Rücktransport ins Hotel. Ansonsten geht es beschaulich zu. Der Ort ist ein guter Ausgangspunkt für Ausflüge in die Weißen Berge oder in das abgelegene Fischerdorf **Loutro** 17 › S. 70, das nur von der Meerseite her zu erreichen ist.

Die Sfakioten waren bekannt für ihren erbitterten Widerstand gegen die verschiedenen Besatzer. Aus diesem Grund sahen sich die Venezianer veranlasst, in Chora Sfakion und weiter östlich mächtige Festungsanlagen zu errichten. Allerdings ist davon nur noch **Frangokastello** 16 › S. 69, 14 km östlich von Chora Sfakion, gut erhalten.

UNTERWEGS IN DER REGION

KASTELLI KISSAMOU 1 B2

Die kleine, an einer weiten Bucht gelegene Provinzstadt (3500 Einw.) mit ihrem gemütlichen Fischerhafen wirkt verschlafen. Sie lebt mehr von Landwirtschaft und Handel als vom Tourismus. Der Strand unterhalb der Promenade ist grobkiesig. Vom Hafen werden Esskastanien aus dem Hinterland, etwa aus dem 56 m hoch liegenden Kastaniendorf Elos, verschifft. In **Elos** wird Ende Oktober das Kastanienfest gefeiert, mit ausgelassener Musik, Tanz und gutem Essen.

VERKEHR

- **Busse:** Tgl. mehrmals Verbindungen nach Chania, einmal tgl. nach Falassarna.
- **Fähren:** Mehrmals wöchentlich nach Piräus.

KLOSTER GONIA 2 C2

Bei **Kolimbari** liegt das Kloster Gonia, dessen Ursprung auf das 9. Jh. zurückgeht. Es erhielt sein heutiges Gesicht jedoch erst im 17. Jh. (www.orthodoxcrete.com/de).

Die Klosterkirche birgt eine wertvolle Ikonensammlung, nähere Betrachtung verdient u.a. die Miniaturmalerei des »Jüngsten Gerichts« links an der Wand, wo auch Nicht-Christen – die »guten Könige« Dareios und Alexander der Große – neben Getauften die Freuden des Paradieses genießen. An der Ikonostase rechts unten erkennt man auf einer Ikone den Säulenheiligen Symeon Stylites. In Gonia wurden die Gebeine der 4500 gefallenen deutschen Soldaten – Opfer der Schlacht um Kreta im Mai 1941 – verwahrt, bevor sie in **Maleme** auf dem Soldatenfriedhof beigesetzt wurden.

RODOPOU 3 C2

Die unbewohnte Halbinsel Rodopou bietet viele Möglichkeiten, ausgedehnte Wanderungen zu unternehmen. Im Dorf **Rodopos** begeht man am 29. August das Fest Johannes des Täufers. Früh am Morgen bricht der ganze Ort zu einer zwei Fußstunden entfernten Kapelle auf, um dort nach Vollzug der Liturgie und Kindstaufe ausgiebig zu feiern.

CHANIA 4 ★ D2

Die Einfahrt in das quirlige Zentrum von Chania (60 000 Einw.) kann in Stress ausarten. Schrittweise quälen sich Autos durch viel zu enge Straßen – Chania hat gemessen an seiner Einwohnerzahl die größte Autodichte Griechenlands!

Doch ist man erst einmal im Zentrum angelangt, winkt eine schmucke Perle: die teils verkehrsberuhigte Altstadt mit ihren Märkten und Basaren, venezianischen Wohnhäusern und dem pittoresken mittelalterlichen Hafen, an dem Einheimische wie Touristen abends flanieren und sich in den vielen Restaurants und Cafés niederlassen.

Rund um den Stadthügel am Hafen verschachteln sich pastellfarben gestrichene Häuser über minoischen und antiken Mauerresten. Einbezogen sind die Stadtmauern des Castelvecchio, die Palazzi der venezianischen Oberschicht, die Arsenale und die türkische Janitscharenmoschee (auch Hasan-Pascha-Moschee) am Hafen, die heute für Kunstausstellungen genutzt wird.

In der Antike hieß Chania Kydonia, eine Bezeichnung, die sich vom griechischen *kydonia* (Quitte) herleitet. Als die Venezianer Kreta im 13. Jh. übernahmen, nannten sie die Stadt La Canea und errichteten starke Festungsanlagen. Als erste Befestigung entstand im 13. Jh. das Castelvecchio um den Altstadthügel, dann im 16. Jh. eine modernere, ein größeres Areal umfassende Anlage mit einer Zitadelle an der Hafeneinfahrt.

1645 wurde Chania als erste kretische Stadt nach kurzer Belagerung von den Osmanen eingenommen. Sie wurde Hauptstadt Kretas und blieb es bis 1972, als die Junta dem wirtschaftlich weiter entwickelten Iraklion diese Rolle übertrug. 1913, nach dem Anschluss Kretas an das griechische Mutterland, wurde auf der Hafenzitadelle Firkas zum ersten Mal die griechische Fahne gehisst.

ZWISCHEN MARKTHALLE ★ UND LEDERGASSE

In der neoklassizistischen, 1911 errichteten **Markthalle** Ⓐ b2 bekommt man sämtliche kretischen Agrarprodukte, aber auch Souvenirs. Beachtenswert ist die Architektur in Form eines gleichschenkligen Kreuzes; in den Kreuzarmen haben die Agrarbranchen ihre Stände. Ein Essen im Markthallen-Estiatorion im Kreis der Händler ist ein Erlebnis (tgl. 8–14 Uhr). › mehr S. 14 Punkt 15

In der **»Ledergasse« Skridlof** Ⓑ b2 findet man eine so reiche Auswahl an Lederwaren aller Art wie sonst nur noch in Rethimnon. Achten Sie beim Kauf auf gute Qualität. Wer möchte, kann sich dort Lederstiefel nach Maß anfertigen lassen. › mehr S. 18 Punkt 39

Das Volkskunstmuseum im Innenhof der **katholischen Kirche** Ⓒ a2 zeigt vorwiegend kretische Webarbeiten und Möbel (unregelmäßige Öffnungszeiten).

Die gotische San-Francesco-Kirche beherbergt seit 1962 das **Archäologische Museum** Ⓓ ★ a2. Die Türken hatten einst aus der Kirche die Jussuf-Pascha-Moschee gemacht, wovon der Minarettstumpf und der Reinigungsbrunnen zeu-

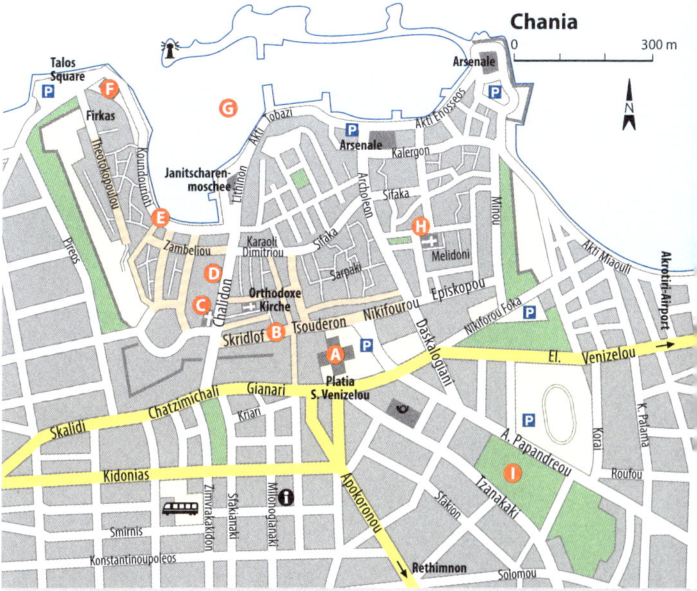

Ⓐ Markthalle
Ⓑ »Ledergasse« Skridlof
Ⓒ Katholische Kirche
Ⓓ Archäologisches Museum
Ⓔ Venezianische Patrizierhäuser
Ⓕ Nautisches Museum
Ⓖ Venezianischer Hafen
Ⓗ Kirche Agios Nikolaos
Ⓘ Stadtpark

gen. Nach dem Anschluss an Griechenland war das Gotteshaus zunächst ein Kino, nach dem Abzug der deutschen Wehrmacht 1945 Depot für zurückgelassene deutsche Militaria.

Ausgestellt sind heute Objekte vom Neolithikum bis zur Türkenzeit (beschriftete Vitrinen). Glanzstücke sind die römischen Fußbodenmosaiken, die mythologische Szenen darstellen; als historische Quelle wichtig ist das berühmte minoische Siegel mit einer Stadtansicht und einem Waffenträger. Von besonderem Interesse sind auch die mehrfarbig bemalten Tonsarkophage aus spätminoischer Zeit. Auf einem von ihnen sind Ziegen und eine Hirschjagd dargestellt. Die Urnen stammen aus der Nekropole von Armeni (Tel. 28 21 09 03 34, chaniamuseum.culture.gr, Di–So 8.30–15 Uhr).

Einige **venezianische Patrizierhäuser** E a2 mit schönen Fassaden und Portalen sind in der Odos Moschou und in der Zambeliou zu bewundern. Besonders beachtenswert sind der Renieri-Palast und die ehemalige Loggia (Haus Nr. 43 und 45). Die lateinische Inschrift auf dem Wappen, *»nulli parvus est census qui magnus est animus«*, bedeutet: »Niemand wird gering geschätzt, der groß im Geiste ist«.

VENEZIANISCHER HAFEN ★ 1

Das **Maritime Museum** F a1 unterhalb der Hafenbastion Firkas dokumentiert mit Schiffsmodellen, nautischen Geräten, Darstellungen wichtiger Seeschlachten und Fotos die griechische Seefahrtsgeschichte. Highlight ist die Rekonstruktion eines minoischen Schiffes der Bronzezeit. Im Obergeschoss wird eine Dokumentation zur Schlacht um

Die Arsenale am Hafen von Chania vor der eindrucksvollen Kulisse der Weißen Berge

Kreta gezeigt (www.mar-mus-crete.gr/en, tgl. 9–17 Uhr).

Der **Venezianische Hafen** G a1 ist ab dem frühen Abend Treffpunkt von Einheimischen und Besuchern. Man geht in Gruppen auf und ab und lässt sich später in einem der Cafés nieder. Die Arsenale boten einst Platz für 40 Galeeren. Gegenüber, auf dem Wellenbrecher, an der **Kapelle Agios Nikolaos,** richteten Venezianer und Türken die zum Tode Verurteilten hin.

Der **Leuchtturm** am Ende der Mole ist ein Überbleibsel aus den Jahren 1830–1840, als Kreta für zehn Jahre den ägyptischen Hilfstruppen zur Ausbeutung überlassen wurde. Sie hatten dem Osmanischen Reich geholfen, den griechischen Aufstand zu unterdrücken. Als Herren über die Stadt bauten die Osmanen auch repräsentative Gebäude wie die Moscheen mit ihren Minaretten. Bereits 1645, noch im Jahr der Eroberung, ließen sie die **Janitscharenmoschee** (auch Hasan-Pascha-Moschee) errichten, sie ist das älteste türkische Bauwerk Chanias und wird heute als Ausstellungsraum genutzt. In den venezianischen **Arsenalen** haben Handwerker ihre Werkstätten, eines dient als Ausstellungsraum.

Hinter der alten Moschee erstreckt sich die Promenade Akti Tompazi und Akti Enoseos mit der Platia Katiaki. Die schicken Bars und Cafés sind bei Studenten beliebt. Kaum ein Stuhl bleibt in den Livemusik-Tavernen frei – hier trifft Tradition auf Moderne – und das bei bester Stimmung!

BEWEGTE KIRCHENGESCHICHTE

Auch die ursprünglich zu einem Dominikanerkloster gehörende venezianische **Kirche Agios Nikolaos** H b2 wurde zur Moschee umfunktioniert (nach 1645) und bekam ein Minarett. Nach ihrer erneuten Umwandlung in eine orthodoxe Kirche (nach 1898) benutzte man dieses als Glockenturm. Unter der Platane auf dem Kirchplatz steht ein Denkmal für den Bischof von Chania, Melchisedek, der 1821 an diesem Baum aufgeknüpft wurde – eine »Präventivmaßnahme« der Türken, die eine Ausweitung des griechischen Aufstands nach Kreta befürchteten. Der **Stadtpark** I mit Cafés wurde 1870 vom türkischen Pascha von Chania nach dem Vorbild europäischer Gärten angelegt.

INFO

Touristeninformation

- Kydonias 29 | Chania
  Tel. 28 21 03 61 55 | www.chania.eu

VERKEHR

- **Busse:** Linienbus vom Flughafen in die Stadt. Ein Taxi vom Flughafen nach Chania kostet ca. 23 €. Überlandbusse fahren am Busbahnhof in der Neustadt ab (Kydonias 71, Tel. 28 21 09 30 52, www.e-ktel.com).
- **Fähren:** Vom Hafen in der Souda-Bucht (ca. 6 km außerhalb) täglich nach Piräus. Linienbus vom Hafen nach Chania und Rethimnon.

HOTELS

Die Besonderheit Chanias sind luxuriöse Pensionen in renovierten venezianischen Patrizierhäusern, z. B.:

Karte S. 61

Amphora €€€
Klein, aber fein – venezianische Villa am Hafen. Ein Ort zum Wohlfühlen.
- Parados Theotokopoulou 20 | Chania
  Tel. 28 21 09 32 24
  www.amphora.gr

Domus Renier €€€
In dem venezianischen Adelshaus von 1608 trifft Antikes auf Modernes. Es wurde als »Best of Historie Hotel« ausgezeichnet.
- Kountourioti 41 | Chania
  Tel. 28 21 08 88 06
  www.domusrenier.gr

Ifigenia I, II, III €–€€
Liebevoll eingerichtete Studios unterschiedlicher Größe und Ausstattung in mehreren restaurierten Häusern in der Altstadt.
- Campa/Angelou | Chania
  Tel. 28 21 09 43 57
  www.ifigeniastudios.gr

Kleinere einfache, aber nette Strandhotels gibt es in **Nea Chora,** etwa 15 Gehminuten vom Zentrum, z. B.:

Elena Beach €
Einfach, am Strand, mit Restaurant.
- Akti Papanikoli 27 | Chania
  Tel. 28 21 09 76 33
  www.elena-hotels.com

RESTAURANTS

Apostolis €€
Hier gibt's frischen Fisch mit Meerblick.
- Akti Enoseos 10 | Chania
  Tel. 28 21 04 34 70

Ta Chalkina €€
Inselküche mit kretischer Livemusik, äußerst beliebt bei Studenten. > **mehr S. 13 Punkt 8**
- Akti Tompazi 29–30 | Chania
  Tel. 28 21 04 15 70 | www.chalkina.com

Tamam €€
Die Taverne mit kretischer Kost ist in einem alten türkischen Badehaus untergebracht.
- Odos Zambeliou 49 | Chania
  Tel. 28 21 09 60 80
  www.tamamrestaurant.com

Ta Neopia €€
Serviert hervorragende Fischgerichte und Meeresfrüchte.
- Akti Enoseos 5 | Chania
  Tel. 28 21 05 22 55

Dio Loux €
Modernes, gemütliches Kafenion.
- Sarpidona 6 (nahe Hafen) | Chania

SHOPPING

Ein beliebtes Mitbringsel sind kretische Messer mit Schmuckmotiven. Die **Messerschmiede** haben in der **Sifaka-Straße** (Altstadt) ihre Läden.

Michalis Manousakis
Michalis Manousakis verkauft kunstvolle Webarbeiten und kretische Rucksäcke. Sein Geschäft ist Werkstatt und Schauraum zugleich; es gibt Erläuterungen zum Weben auch auf Deutsch.
- Zambeliou 61 | Chania
  Tel. 28 21 07 47 36

Markthalle
In der wunderschönen Halle gibt es neben Obst, Gemüse, Fleisch und Fisch auch Produkte von der Insel zu kaufen sowie ein paar kleine Tavernen.
- Platia Sefoukli Venizelou | Chania
  Mo–Sa 9–14, Di, Do/Fr bis 18 Uhr

AKROTIRI-HALBINSEL

Oberhalb von Chania Richtung Flughafen befinden sich die Gräber des großen Staatsmannes Eleftherios Venizelos (1864–1936) und seines Sohnes Sofoklis.

An der Ostspitze der Halbinsel liegt vor der Kulisse des sogenannten »Sorbas-Berges« – hier wurde die fantastische Sirtaki-Schlussszene des legendären Filmklassikers »Alexis Sorbas« gedreht – **Stavros** 5 E2. Ein kleiner Ort an der lang gezogenen Bucht mit Sandstrand und klarem, sauberem Wasser. Zwar fahren Ausflugsbusse die Tavernen am Fuße des Berges an. Aber die Umgebung ist vom Pauschaltourismus weitgehend unberührt. Hierhin zieht es eher Individualurlauber, die in kleineren Apartmentanlagen Unterkunft finden. Am Strand kann man nicht nur wunderbar chillen oder »Alexis Sorbas« lesen, sondern auch zu Tauchexkursionen starten. › mehr S. 12 Punkt 4

Im Inneren der Halbinsel trifft man das prächtige Kloster **Agia Triada** 6 E2 mit gut erhaltener klassizistischer Fassade, aufwendig geschnitzter Ikonostase und einem Innenhof voller Pflanzen. Von dort führt die Straße durch eine Schlucht hinauf zum Kloster **Gouverneto** 7 E2. Von der festungsartigen Anlage aus erreicht man über einen Maultierpfad in Richtung Meer die **Bärenhöhle** (Stalaktit in Form eines Bären) und das verlassene Kloster **Katholikon.** Hier beeindruckt die kühne Brückenkonstruktion über der Schlucht.

Kloster Agia Triada auf der Akrotiri-Halbinsel

Auf Akrotiri befinden sich der kleine internationale Flughafen und an der Westküste ein NATO-Raketenübungsgelände (NAMFI – NATO Missile Firing Installation). Trotzdem ist die Halbinsel sehr ursprünglich und ruhig geblieben.

HOTELS

Blue Beach €–€€

Von Alexis Sorbas träumen (oder lesen) in schönen Apartments am Zorbas-Strand.

- Stavros | Tel. 28 21 03 94 04
  www.bluebeach.eu

RESTAURANT

Almyriki €€

Ausgezeichetes Essen und leckere Salate serviert die Taverne am Strand mit Windmühle. › mehr S. 14 Punkt 16

- am Strand | Stavros
  Tel. 28 21 02 94 89

ALMIRIDA 8 E3

Almirida liegt in einer Apokoronas genannten Landschaft, die sich von Chania bis Georgioupolis erstreckt. Wanderwege führen durch die Hügel, die zu den fruchtbaren Gegenden der Insel zählen. Der Badeort an der Souda-Bucht bietet einen schönen Sandstrand und zahlreiche Fischtavernen. Die Einwohner Chanias kommen gern zum Fischessen hierher. Es gibt nur wenige Hotels und Pensionen. Sehr reizvoll ist der Blick zur Halbinsel Akrotiri. Omega Divers am Strand, eine französische Wassersportstation, ist ausgezeichnet ausgerüstet mit Kajaks, Surfboards, Katamaranen sowie einer Tauchbasis. > mehr S. 12 Punkt 2

Im 5 km entfernten **Gavalochori** lohnt der Besuch des Volkskundemuseums.

HOTEL

Almyrida Resort €€

Moderne Studios direkt am Strand. Alle Zimmer mit Balkon und Meerblick. Swimmingpool unter Palmen.

- Almirida | Tel. 28 25 03 20 75
  www.almyridaresort.com

RESTAURANT

Café Françoise €

Gutes Frühstück, täglich frische Croissants, Kuchen und Pancakes.

- Am Strand | Almirida

KOKKINO CHORIO 9 E3

Kokkino Chorio liegt malerisch an der Souda-Bucht. Es ist mit den engen Gässchen und seiner traditionellen Hausarchitektur ein wunderschönes Beispiel für ein altkretisches Dorf. Das »rote Dorf« ist benannt nach dem Blut, das 1821, zu Beginn des Unabhängigkeitskampfes, hier vergossen wurde, als türkische Streitkräfte 150 Frauen und Kinder in einer Höhle unterhalb des Dorfs ermordeten.

Es liegt in einer paradiesischen Landschaft; nur am Ortsrand stehen moderne Stahlbetonbauten. Vor der Kirche an der Platia wurde eine berühmte Szene des Films »Alexis Sorbas« gedreht: die Steinigung der Witwe, gespielt von Irene Papas, und das Eingreifen Sorbas'. Während der deutschen Besatzung war bei Kokkino Chorio, am Ausgang der strategisch wichtigen Souda-Bucht, einer der wichtigsten Militärstützpunkte der Insel.

Oberhalb des Dorfs, bei der kleinen Kirche Agios Georgios, kann man eine unterirdische Bunkeranlage der deutschen Besatzungstruppen besichtigen, drei Stollen führen hinab. Von der Spitze des Kap Drapano führte damals eine Seilbahn zum Bunkereingang herunter.

Unterhalb von Plaka und Kokkino Chorio gibt es einige schmale Buchten mit Sandstrand. Bei ruhiger See kann man sich auch von den Klippen, zu denen Wege hinabführen, ins Wasser gleiten lassen.

UNTERKUNFT

Im Dorf sowie im sanft hügeligen Umland können **Ferienwohnungen** und **Villen** gemietet werden, teilweise mit Pool (z. B. www.cretetravel.com). Es werden auch preiswerte **Privatzimmer** angeboten.

SHOPPING

Andreas Tzompanakis

In der Werkstatt werden mundgeblasene Unikate (u. a. Becher, Krüge, Schalen, Lampen) aus recyceltem Glas gefertigt.

- Am Ortseingang von Kokkino Chorio
  www.blownglass.gr

KAP DRAPANO

Unbedingt lohnend ist ein Abstecher auf die Halbinsel. Neben einer grünen, erstaunlich waldreichen Landschaft finden sich hier ursprünglich gebliebene kretische Dörfer, in denen noch einige Bewohner traditionellen Handwerken wie dem Spitzenklöppeln nachgehen. In diesen Orten leben fast ausschließlich ältere Menschen.

VAMOS 10 E3

Ein schön gelegener Ort im Landesinneren und ein positives Beispiel für sanften Tourismus. In den vergangenen Jahren wurden zahlreiche Gebäude mit Hilfe von EU-Mitteln liebevoll restauriert › S. 29. Es gibt zudem vielfältige kulturelle Angebote, Unterkünfte in renovierten Steinhäusern, hübsche Restaurants und Geschäfte mit regionalen Produkten wie Käse, Honig, Kräuter, Wein und Olivenöl (www.vamosvillage.gr).

GEORGIOUPOLIS 11 E3

Der vom Pauschaltourismus geprägte Badeort Georgioupolis, benannt nach Prinz Georg, der von 1898 bis 1905 Hochkommissar von Kreta war, liegt direkt am Knick der Bucht von Almirou. Im Norden fallen die Klippen des Kap Drapano steil ins Meer ab, im Osten erstreckt sich kilometerweit ein breiter Sandstrand. Der ältere Ortskern gruppiert sich um den Dorfplatz mit einigen Restaurants und Pensionen. Die Hotelzone dehnt sich am Sandstrand immer weiter aus.

Reizvoll ist der Anblick des wohl wasserreichsten Flusses auf der ganzen Insel, in dessen Mündung bunt bemalte Fischerboote sowie einige Jachten vor sich hin schaukeln. In den angrenzenden Straßen der Platia mit ihren Schatten spendenden Eukalyptusbäumen findet man mehrere kleine Hotels.

HOTELS

Im Ort Georgioupolis gibt es überwiegend Pensionen und kleine Hotels.

Deep Blue Sea €

Einfache Zimmer und Studios, teils mit großen Terrassen, familienfreundlich, mit Taverne.

- Am Hauptstrand | Georgioupolis
  Tel. 28 25 08 30 09
  www.deepblue-gr.com

Kalivaki €

Schöne Studios mit Pool, nette Taverne.

- Am Strand hinter der Flussmündung
  Georgioupolis | Tel. 28 25 06 13 16
  www.kalivaki.com

RESTAURANT

Arkadi €

Den Wellen nah kann man sich hier nicht nur Fisch schmecken lassen.

- An der Flussmündung am Meer
  Georgioupolis

KOURNAS 12 F4

Der Süßwassersee von Kournas in der Nähe des gleichnamigen Ortes ist fast rund, liegt am Fuß steiler Ausläufer der Weißen Berge und ist der einzige natürliche Süßwassersee der Insel. Wer vom salzigen Meer einmal genug hat, kann im klaren Wasser baden. Es werden auch Tret- und Paddelboote vermietet. Der See ist bei den Einheimischen ein beliebtes Ausflugsziel.

RESTAURANTS

Direkt am Seeufer warten mehrere schön gelegene, recht touristische, aber dennoch ordentliche Tavernen auf Besucher. Weitere Lokale gibt es auch im etwa 3 km oberhalb des Sees gelegenen Dorf Kournas.

SHOPPING

Terra Cotta

Der Familienbetrieb in Kournas bietet nach traditioneller Art handgefertigte Keramik zum Verkauf an.

- www.terra-cotta.gr

VRISSES 13 E3

Vrisses liegt auf halber Strecke zwischen Chania und Rethimnon an der Abzweigung der Südküstenstraße. Mächtige Platanen stehen auf der Platia beiderseits des Flusses Voutakas, der bei Georgioupolis ins Meer fließt. Kulinarische Spezialitäten des Ortes sind Bergkäse, Schafsjoghurt in Tonschalen und frisches Hammelfleisch. Die gut frequentierten Tavernen rund um den Hauptplatz werden von den Hirten der Weißen Berge beliefert.

IMBROS 14 E4

Hier finden Wanderer eine entspanntere Alternative zur Samaria-Schlucht. Der Einstieg zur nur 8 km langen, aber ebenso üppig mit Steineichen, Zypressen, Mandel- und Feigenbäumen bewachsenen **Imbros-Schlucht** liegt am Ortsende von Imbros (3 € Eintritt), am Kafenion links der Straße. Der Maultierweg, noch bis in die 1950er-Jahre einziger Zugang zur Südküste, führt längs des Schluchtbaches hinunter zur Küste. Die leichte Wanderung ohne Klettern dauert 2–3 Std. (genügend Getränke mitnehmen!) und endet bei **Komitades,** wo Tavernen mit schöner Aussicht und mehrere Privatzimmer zur Verfügung stehen. Auch am Schluchtausgang kann man sich in Tavernen erfrischen. Leider ist die Busanbindung schlecht. Häufig warten in Komitades auch Taxis – den Preis vor der Fahrt aushandeln.

CHORA SFAKION 15 E4

Schon zur Türkenzeit trieben sfakiotische Kaufleute mit Hunderten von Schiffen unbehelligt von den Besatzern Handel. Einer dieser freien Kaufleute, Ioannis Vlachos, genannt Daskalojannis (Johannes, der Lehrer), organisierte in Zusammenarbeit mit Russen den Aufstand von 1770/71. Der Aufstand scheiterte. Daskalojannis wurde bei lebendigem Leibe in Iraklion gehäutet.

Inzwischen belebt sich Chora Sfakion zweimal am Tag: morgens, wenn das Schiff nach Agia Roumeli zur Samaria-Schlucht › S. 71 ablegt, und nachmittags, wenn es zurückkehrt (www.sfakia-crete.com). Morgens fahren die Touristen, die die Schlucht auf die entspannte Art, nur bis zur Eisernen Pforte, erwandern möchten (»Samaria the lazy way«, 2–3 Std. hin und zurück). Nachmittags kommen mit ihnen die zurück, die am Tage die ganze Schlucht bezwungen haben.

Ansonsten geht es in Chora Sfakion ziemlich ruhig zu. Am Kai gibt es Tavernen. Wanderungen lassen sich ins Hinterland unternehmen, z. B. zum Bergdorf **Anopolis** oder nach **Loutro** › S. 70 (ab Anapolis ca. 1 Std.). In der Umgebung gibt es mehrere attraktive Strände wie Gliká Nera und Ilingas.

HOTEL

Xenia €–€€
Einfache Zimmer, Meerblick, mit Grill- und Fischrestaurant.

- Am Hafen von Chora Sfakion
  Tel. 28 25 09 12 02
  www.sfakia-xenia-hotel.gr

VERKEHR

- **Busse:** Nach Chania, im Sommer auch nach Rethimnon.
- **Fähren:** Nach Loutro, Agia Roumeli, Sougia und Paläochora.

FRANGOKASTELLO 16 E4

Die verstreut liegenden Häuser des Ortes, 16 km östlich von Chora Sfakion, liegen in einer fast schon nordafrikanisch anmutenden Land-

In Frangokastello wacht ein eindrucksvolles Kastell über die Badenden

schaft auf einem schmalen Küstenstreifen vor einer steil aufragenden Bergkulisse. Die am Meer gelegene imposante Festung wurde 1371, nach der Eroberung der Insel, von den Venezianern errichtet. Auf den ersten Blick wirkt sie gut erhalten, es stehen aber nur noch die eindrucksvollen Außenmauern, und vor der Festung wird mit einer Büste und einem Denkmal zweier Freiheitskämpfer gedacht.

Frangokastellos Sandstrand gehört zu den schönsten Kretas, außerdem existiert ein kleiner Hafen mit Taverne. Neben dem Hauptstrand gibt es kleinere Buchten mit dünenartigen Sandformationen, aber kaum Schatten. Die flach auslaufende Küste ist für Kinder ideal.

HOTEL/RESTAURANT

Blue Sky €€

Hier finden Sie kretisch-deutsche Gastfreundschaft. Mit Taverne und Autovermietung.

- Frangokastello | Tel. 28 25 09 20 95 www.blue-sky-kreta.com

VERKEHR

Busse: In der Hauptsaison fahren die Busse auf der Strecke Frangokastello–Chora Sfakion sechs- bis achtmal tgl., Halt unten am Kastell. In der Nebensaison max. einmal tgl., Busstopp 3 km außerhalb an der Hauptstraße.

LOUTRO 17 ★ D4

Die engen Gässchen und blendend weißen Häuser sind direkt an eine Felswand gebaut. Loutro erreicht man nur mit dem Schiff, etwa von Agia Roumeli oder Chora Sfakion aus (www.anendyk.gr), oder durch eine mühsame Klettertour. Vor den Häusern liegen ein hübscher Kiesstrand und die Mole, von der Boote im Sommer zu den benachbarten Badebuchten auslaufen. In den umliegenden Bergen sind Wanderungen möglich.

In der Hochsaison werden Zimmer vermietet, aber nachdem die letzten Ausflugsboote Loutro verlassen haben, breitet sich eine familiäre Stimmung im Ort aus.

INFO

- www.loutro.gr/de

HOTEL

Hotel Porto Loutro I/II €€

Schönes kleines Hotel direkt am Strand. Hübsch eingerichtete Zimmer mit Balkon

PARADIES MIT PAPAYA

Hier duftet es nach Blumen und Kräutern. Ein Paradies für alle Sinne ist der **Botanische Garten,** 18 km von Chania (Richtung Samaria-Schlucht). Auf dem 2,5 km langen Spazierweg gibt es nicht nur Gemüse, Kräuter, Obst, Heil- und Zierpflanzen zu entdecken. 165 m über dem Meeresspiegel herrscht viel Feuchtigkeit aufgrund des Wassers aus den Weißen Bergen. So wachsen neben Kirsch- und Zitrus- auch Mango- und Papayabäume; mit Taverne und Naturkostladen (www.botanical-park.com, Tel. 69 76 86 05 73).

und Meerblick. Eine Dependance liegt etwas oberhalb.

- Loutro | Tel. 28 25 09 14 33 www.hotelportoloutro.com

SAMARIA-SCHLUCHT 18 2 D4

Die berühmte Schlucht, eine der längsten Europas, ist seit 1962 griechischer Nationalpark. Hier hat die vom Aussterben bedrohte kretische Bergziege Agrimi (Bezoarziege, auch Kri-kri genannt) ein Refugium gefunden, hier wachsen seltene Orchideen und rund 70 endemische Pflanzen, und hier finden sich noch alte Zypressenwaldbestände.

Tausende (!) Menschen durchwandern im Sommer die eindrucksvolle Klamm, was der schützenswerten Natur nicht gerade gut tut. Neben dem Palmenstrand von Vaï ist die Samaria-Schlucht die meistbesuchte Naturattraktion Kretas. Die fünf- bis sechsstündige und etwa 16 km lange Wanderung beginnt in Omalos, von dort geht es stetig bergab, bis zum verlassenen Dorf Samaria ist die Schlucht weit und offen. Danach verengt sie sich immer mehr, bis die Felswände bei den Sideroportes (Eisernen Pforten) auf 3 m zusammenrücken. Die letzten 4 km führen durch eine weite Küstenebene nach **Agia Roumeli**. Von dort fahren täglich zwischen 15 und 18 Uhr Schiffe nach Chora Sfakion und Paläochora ab.

Beim Betreten der Schlucht wird eine Eintrittsgebühr von 5 € erhoben; das Ticket dient auch zur Kon-

Die Samaria-Schlucht zählt zu den Top-Natursehenswürdigkeiten Kretas

trolle, ob nach Einbruch der Dunkelheit alle Wanderer die Schlucht wieder verlassen haben (deshalb muss man das Ticket am Ausgang bei Agia Roumeli abgeben).

Wer nicht im Pulk wandern möchte, hat nur zwei Möglichkeiten, dies zu vermeiden. Die erste besteht darin, abends Omalos anzufahren und in einer der zahlreichen Pensionen an der Omalos-Ebene zu übernachten; am nächsten Morgen sollte man dann allerdings spätestens gegen 6 Uhr aufbrechen. Die zweite Möglichkeit ist, nur ein paar Kilometer die Schlucht hinunter- und anschließend wieder zurückzuwandern.

Die Schlucht ist von Anfang Mai (das genaue Datum hängt von den

WANDERN: MAULTIERPFADE, E4 UND ANDERE RENNER

Weiße Berge, Wanderweg zum Gíngilos

Sie bleibt der Renner: die Samaria-Schlucht. Mehrere tausend Menschen stapfen im Sommer täglich im Gänsemarsch durch den Nationalpark und bestaunen die *Sideroportes*, die Eisernen Pforten, an denen die Steilwände beängstigend nah aneinanderrücken. Die Wanderung ist ein Erlebnis – zweifelsohne. Allerdings ein rundherum organisiertes, das nur im Tross mit unzähligen anderen Urlaubern zu haben ist. So manchem ist das zu viel Rummel, zu wenig eigenes Naturerlebnis. Das kann man auf Kreta freilich genauso haben.

Denn *to megalo nisi*, die große Insel, ist in weiten Teilen eine einsame Gebirgslandschaft, durchzogen von einem Netz alter Wege und Maultierpfade. Das mythenschwere Ida-Gebirge, die bis in den Sommer hinein schneebedeckten Lefka Ori, das Thripti-Gebirge oder die bizarren Küstenstriche am Mirabello-Golf sind allesamt einsame Wanderparadiese. Der Frühling eignet sich am besten für Wanderungen auf Kreta, wenn bunte Blumenteppiche die raue Bergwelt verzaubern, wenn sich Margeriten und Anemonen, Orchideen und Narzissen sachte im Wind wiegen.

HITZE IM GEPÄCK

Die Touren bergen auch Gefahren. Die Hitze und der Bedarf an Wasser in den Sommermonaten werden häufig unterschätzt, und es ist kein Gerücht, dass auf Kreta schon Wanderer verdurstet sind! In besonders einsamen Gegenden kann es passieren, dass tagelang kein Mensch auftaucht. Auch plötzliche Wetterwechsel, vor allem im Frühling oder Herbst, sind nicht selten. Da man Wegmarkierungen oft vergeblich suchen wird – bei allen zaghaften Bemühungen der Kreter, mittels roter Farbkleckse, die meist verblichen und überwuchert sind, den rechten Weg zu weisen –, ist guter Orientierungssinn gefragt.

FOLGE NIE DER ZIEGE ...

Orientierungssinn haben die Führer aus den Bergdörfern, die in der steinernen Wildnis jede Felsnase und jede Quelle kennen und ihre Dienste anbieten. Man erkundigt sich im Ort (z. B. im Kafenion) oder beim Bergsteigerverein.

Wer allein gehen will, der beherzige im Fall aller Fälle eine uralte griechische Regel: »Folge nie der Ziege, denn sie führt dich gewiss an einen Abgrund. Folge stets dem Esel, denn er führt dich am Abend sicher in ein Dorf.«

INFORMATIONEN

- **Wanderweg E4:** www.fernwege.de/gr/e4-kreta; www.destinationcrete.gr/en/explore-the-island/e4-at-crete
- **Westkreta:** www.eoschanion.gr
- **Allgemein:** www.zorbas.nl/wandern-auf-kreta.de ; www.klettern-auf-kreta-de
- **Wander-Forum:** www.levka-ori.com, Zahlreiche Reiseveranstalter, außerdem www.wikinger-reisen.de, www.hauser-exkursionen.de oder www.asi-reisen.de
- Wer vor Ort spontan eine längere Wanderung mit Guide unternehmen möchte, wendet sich an **Happy Walker** in Rethimnon, Tel. 28 31 05 29 20, www.happywalker.com, oder an **Strata Walking Tours,** Kastelli-Kissamou, Tel. 28 22 02 42 49, www.stratatours.com.
- Geführte Wandertouren in Ostkreta auch bei **Iannis Alexandridis,** Mochlos, Tel. 00 30 69 73 75 73 41, www.kretawandern.de.

FERNWANDERWEG E4

Der mit gelb-schwarzen Schildern gekennzeichnete Fernwanderweg E4 von Kato Zakros im Osten bis nach Kastelli Kissamou im Westen gehört zu den schönsten Routen auf der Insel. Er ist nur in mehreren Etappen zu bewältigen. Auf der Nida-Hochebene kann man sich entscheiden, ob man die gebirgigere Nordroute einschlägt oder die Südküste entlang weiterwandert. Allerdings darf man nicht zu viel erwarten: Exakte Kreta-Wanderkarten sind leider nicht auf dem Markt!

Organisierte Wanderung in den Bergen

Wetterverhältnissen ab, fragen Sie im Reisebüro oder im Hotel nach) bis Ende Oktober zugänglich (tgl. 6–15 Uhr).

Einen kurzen Einblick erhalten Besucher, wenn sie nach Agia Roumeli fahren und von dort etwa eine Stunde in die Schlucht hineinlaufen. Da dies äußerst beliebt ist, wandert man so wieder im Pulk.

ACHTUNG: Auch wenn in der Schlucht klare Quellen sprudeln, sollte man Wasser mitnehmen und die Flaschen zwischendurch für die letzte Wegstrecke auffüllen. Wegen der vielen spitzen Steine ist gutes Schuhwerk unabdingbar, ebenso ein Hut und Sonnenschutzmittel.

AGIA ROUMELI 19 D4

Das Küstendörfchen lebt fast ausschließlich von den Wanderern, die sich nach ihrem Marsch durch die Samaria-Schlucht in die Tavernen stürzen. Wer hier übernachtet, kann am nächsten Tag zur türkischen Festung hinaufsteigen (1,5 Std. einfach), die einst die Küste am Libyschen Meer bewachte. Baden kann man an einem Kiesstrand.

VERKEHR

Fähren: Mehrmals täglich Verbindungen nach Loutro, Chora Sfakion und Paläochora.

HOTEL/RESTAURANT

Artemis Studios €–€€

Studios für Selbstversorger am Kiesstrand am Ausgang der Samaria-Schlucht; in der Taverne gibt's Spezialitäten im Tontopf, Lamm- und Ziegengerichte.

- Tel. 28 25 09 13 77 | Agia Roumeli www.agiaroumeli.com

SOUGIA 20 C4

Im kleinen, ruhigen Strandort am Ausgang einer Schlucht zwischen hohen Felswänden gibt es Privatzimmer und kleine Hotels.

Interessante Wanderungen zu den Resten der antiken Stadt **Lissos** sind möglich (gut 1 Std., hier sind die Überreste eines ehemals bedeutenden Äskulap- Heiligtums zu besichtigen, dessen Ruinen teilweise überwuchert sind). Am langen, breiten Sand-/Kiesstrand mit Tavernen und Cafés trifft sich vornehmlich ein etwas jüngeres Publikum.

Grandios und bislang nur wenig besucht: Durchwandern Sie die hübsche **Agia-Irini-Schlucht,** die bei Sougia zum Libyschen Meer ausläuft. Beliebt ist auch die vierstündige Wanderung entlang der Küstenlinie nach Paläochora.

INFO

- www.sougia.info

VERKEHR

- **Busse:** Tgl. ein- bis zweimal nach Chania, morgens 7 Uhr Bus zum Schluchteingang Agia Irini.
- **Fähren:** Mai-Okt. mehrmals wöchentlich nach Paläochora und Agia Roumeli.

HOTEL

Captain George €

Mit Garten und Grillplatz; auch Bootstouren.

- Ortsmitte | Sougia | Tel. 28 23 05 11 33

KANDANOS 21 C3

Wie Anogia im Ida-Massiv und viele andere Orte auf Kreta wurde Kandanos (1000 Einw.) im Juni 1941 – es hatte damals 2000 Einwohner – von deutschen Truppen bis auf die Grundmauern zerstört. Außerdem töteten die Deutschen alle Einwohner, deren sie habhaft werden konnten. Diesem schrecklichen Vergeltungsakt vorausgegangen war, dass kretische Widerstandskämpfer einen Vorstoß der Deutschen zur Südküste aufgehalten und 25 Soldaten getötet hatten. Auf dem Marktplatz steht auf einer der Mahntafeln, Kopien der von den Deutschen damals angebrachten Schilder, auf Deutsch und Griechisch: »Hier stand Kandanos. Es wurde zerstört als Sühne für die Ermordung von 25 deutschen Soldaten.«

PALÄOCHORA 22 C4

Der Badeort Paläochora liegt auf einer von Bergen umrahmten Landzunge unterhalb einer zerstörten venezianischen Festung aus dem 13. Jh. Hier gibt es keine großen Hotels wie in den Urlaubszentren der Nordküste, sondern kleine Pensionen und Privatzimmer, die von Einheimischen vermietet werden. Nur wenige Reiseveranstalter haben Paläochora in ihren Katalogen. Daher bevölkern vornehmlich Individualreisende den Ort. Sie schätzen die feinen Sandstrände, die Ausflugs- und Wandermöglichkeiten in die landschaftlich ursprüngliche Umgebung, z. B. zum Strand von Elafonisi, auf die Insel Gavdos › S. 76, nach Sougia oder in die stillen Bergdörfer. Paläochora hat ein reges Nachtleben. Wer Ruhe sucht, der sollte seine Unterkunft nicht nahe der Hauptstraße wählen, die abends zur Fußgängerzone und Bummelmeile wird, in der dann die Stühle und Tische auf die Straße gestellt werden.

INFO

- www.paleochora.de

VERKEHR

- **Busse:** Mehrmals täglich nach Chania und frühmorgens nach Omalos zum Eingang der Samaria-Schlucht.
- **Fähren:** April–Okt. täglich nach Sougia, Agia Roumeli, Loutro, Chora Sfakion, mehrmals wöchentlich nach Gavdos. Täglich Badeboote nach Elafonisi.

HOTELS

Aris €€

Familienbetrieb mit Hinguckern (Skulpturen, Dekoration) und gutem Frühstück.

- Am Rand der Altstadt | Paläochora
  Tel. 28 23 04 15 02
  www.arishotel.gr

Sandy Beach €–€€

Kleines Hotel; gepflegte Zimmer mit Balkon und Meerblick.

- 20 m vom Strand | Paläochora
  Tel. 28 23 04 21 38 | sandy-beach.gr

RESTAURANTS

Café Almyrida €€

Leckere Kleinigkeiten auf der Terrasse unter einer weit ausladenden Tamariske.

- Im alten Gavdos-Viertel | Paläochora

Galaxy €–€€
Auf Fisch spezialisierte Taverne, die auch Studios vermietet.
- Am Kieselstrand | Paläochora
  Tel. 28 23 04 10 59

Odyssea €
Die angeblich beste Pizza Kretas, aber auch Fleischgerichte.
- An der Hafenpromenade | Paläochora

The Third Eye €
Vielfältige vegetarische Kreationen, teils mit asiatischem Touch.
- An der Stichstraße zum Sandstrand
  Paläochora
  www.thirdeye-paleochora.com

KRETAS TOP-STRÄNDE

- **Georgioupolis** Weitläufiger Familien-Sandstrand. › S. 67
- **Sougia:** Langgestrecke Sand- und Kiesbucht für Individualisten. › S. 74
- **Elafonisi** Ein Hauch von Karibik auf Kreta. › S. 76
- **Preveli** Kleine, feine Bucht, perfekt für einen Bootsausflug. › S. 92
- **Plakias:** Breiter Sandstrand an einem lebendigen Urlaubsort. › S. 93
- **Voulisma Beach in Istro** Heller Sand und flaches Wasser, toll auch mit Kindern. › S. 136
- **Vaï** Wunderschöner Palmenstrand, meist sehr voll. › S. 139
- **Xerokampos** Weitläufige, türkisfarbene Bucht mit Sandstrand, etwas abgelegen. › S. 141

INSEL GAVDOS 23 D6

Wer die Einsamkeit liebt, fährt auf diese raue Insel, auf der nur noch ca. 40 Menschen ständig leben. Gavdos gilt als Heimat der Kalypso, die Odysseus jahrelang festgehalten hatte. Getreide wird hier noch wie vor 2000 Jahren angebaut. Eine Solaranlage und Windräder sorgen für Strom. Im Sommer bringen Tagesausflügler aus Paläochora und Chora Sfakion Abwechslung. Von den Stränden ist der von Sarakiniko der schönste. Wer einsamer baden möchte, der fährt nach Korfos. Von dort führt ein angelegter Wanderpfad zwischen Kalabrischen Kiefern *(pinus brutia)* zum Kap Tripiti, dem südlichsten Punkt Europas.

VERKEHR

Fähren: Im Sommer tgl. Ausflugsschiffe ab Paläochora (Fahrzeit 4 Std.) und viermal wöchentlich ab Chora Sfakion (2,5 Std.), www.anendyk.gr. Transportfahrzeuge zu den Stränden.

HOTELS

Unterkünfte bucht man in der Hochsaison am besten über eines der Reisebüros in Paläochora.

ELAFONISI 24 ★3 B4

Der vielleicht schönste Sandstrand Kretas bietet geradezu Südseeatmosphäre. Das Wasser schimmert hier von blau über türkis bis grün. Zu der gegenüberliegenden Hirschinsel, die ebenfalls feinsandige Strände und hohe Dünen besitzt, kann man hinüberwaten. Die Strände sind im

Das Meer bei Elafonisi mutet durch seine intensiven Blautöne fast karibisch an

Sommer ziemlich überlaufen, aber umso schöner in der Vor- und Nachsaison, wenn nur wenige Badegäste hier ihre Handtücher ausrollen. › mehr S. 13 Punkt 10

Auf der Insel erinnert ein Denkmal an 600 hier 1824 von den Türken ermordete Widerstandskämpfer, darunter auch Frauen und Kinder. Sie hatten sich auf die Insel geflüchtet und dort versteckt. Doch die Türken entdeckten den damals noch tieferen und breiteren Übergang nach Elafonisi, sodass es für die Flüchtlinge kein Entkommen mehr gab.

Das weiß gekalkte **Kloster Chrisoskalitissa** 25 B3 (17. Jh.) liegt wie eine Festung auf einem Felsen über dem Meer, 6 km nördlich von Elafonisi. Einer Legende zufolge soll nur derjenige, der gänzlich sündenfrei ist, die »goldene Stufe«, nach der das Kloster benannt ist, erkennen können (tgl. 9–12, 15–17 Uhr).

VERKEHR

- **Busse:** Linienbusverbindungen ab Kastelli und Chania.
- **Tagestouren** inkl. Besuch des Klosters Chrisoskalitissa können z. B. bei Elafonissos Travel in Chania gebucht werden (Tel. 28 21 03 35 00, elafonissostravel.com).

HOTEL/RESTAURANT

Glykeria €–€€

Die Taverne bietet kretische Gerichte und eine tolle Aussicht auf die Küste. Modern eingerichtete Zimmer.

- Tel. 28 22 06 12 92
  www.glykeria.com

REGIONAL-BEZIRK RETHIMNON

Typische Gasse in der hübschen Innenstadt von Rethimnon

Der Bezirk Rethimnon punktet mit orientalischem Flair in der Altstadt von Rethimnon, Töpferhandwerk in Margarites, Bergeinsamkeit auf der Nida-Hochebene, pulsierendem Nachtleben in Agia Galini und Baden am Traumstrand von Preveli.

Zwischen Chania im Westen und Iraklion im Osten liegt der Regionalbezirk Rethimnon, benannt nach der gleichnamigen, sehenswerten Hafenstadt an der Nordküste. Die Stadt ist gleichzeitig der perfekte Ausgangspunkt für die Erkundung der Region, denn praktisch alle größeren Straßen laufen auf Rethimnon zu.

Westlich und östlich der Stadt erstrecken sich weite Sandstrände, die touristisch gut erschlossen sind und vorzugsweise von Pauschalurlaubern besucht werden. Viele Hotels und angenehme Ferienorte wie **Bali** oder **Panormos** mit ihren zahlreichen Fischtavernen am Meer bieten beste Voraussetzungen für einen erlebnisreichen Aufenthalt. Ein Abstecher nach Rethimnon zum Shoppen, Bummeln oder auf einen Drink am venezianischen Hafen ist eine unterhaltsame Ergänzung zum Sonnenbaden.

Im Hinterland erhebt sich eine wild zerklüftete Berglandschaft mit grünen Tälern und verträumten Bergdörfern, die man keinesfalls versäumen sollte. Kreta-Atmosphäre pur ist in den teilweise noch recht ursprünglichen Orten erhalten geblieben: Auf einer Fahrt über die kleinen Bergstraßen kann auch schon einmal ein Hirte mit seiner Schaf- und Ziegenherde den Weg versperren. Ganz im Westen des Bezirks steigt auch Kretas höchster Berg, der **Psiloritis,** bis auf eine Höhe von 2456 m aus dem mächtigen **Ida-Gebirge** empor – ein lohnendes Ziel für Wanderer. Nicht ganz so hoch, aber sehr reizvoll liegt in den Bergen das vielleicht wichtigste Nationaldenkmal Kretas, das **Kloster Arkadi,** für die Griechen ein Symbol für den Widerstand gegen die 400-jährige türkische Besatzung.

Im Süden fallen die Berge steil zur Küste ab und bilden dort zahlreiche größere und kleinere Buchten. Einige ehemalige Fischerdörfer wie bei **Agia Galini** oder **Plakias** sind gut erschlossen, andere hingegen noch fast einsam und manche gar nur mit einem Boot zu erreichen. Der viel besuchte Strand von **Preveli** gilt als einer der schönsten der Insel.

Im bescheideneren Rahmen finden sich die Urlaubsorte an der Südküste auch in den Prospekten der Reiseveranstalter, beliebt und frequentiert sind sie aber vor allem von individualreisenden Kreta-Fans, die die entspannte Atmosphäre und das spezielle Südküsten-Flair schätzen. Viele kommen seit Jahren immer wieder und nehmen auch den ganzjährig oftmals stürmischen Nordwind gern in Kauf. An privaten Zimmern und Apartments herrscht kein Mangel.

TOUREN IN DER REGION

TOUR 5

KLOSTERBESUCH & STRANDLEBEN

ROUTE: Rethimnon > Preveli > Plakias

KARTE: Seite 82
DAUER: Tagestour; 50 km (einfach)
PRAKTISCHE HINWEISE:

- Preveli und Plakias sind ab Rethimnon auch per Bus zu erreichen, dann aber kaum an einem Tag miteinander zu kombinieren.

TOUR-START:

Viel Abwechslung mit Kultur und Relaxen am Meer machen diese Autotour in den Süden so lohnenswert. Außerdem ist die Fahrt durch die Berge nicht allzu lang und beschwerlich. Die Straße von Rethimnon nach Preveli (knapp 40 km) ist gut ausgebaut.

Das **Kloster Preveli** 12 > S. 92 liegt in karger Felslandschaft 170 m über dem Libyschen Meer. Am Strand darunter locken Schatten spendende Palmen und Bademöglichkeiten sowohl im Meer als auch im klaren Süßwasser des kleinen Flusses, der an dieser Stelle ins Meer mündet. Und dennoch gibt es keine Hotelbauten – was will man mehr? Westlich von Preveli liegt ein weiterer Traumstrand, **Plakias** 14 > S. 93, dieser aber mit jeder Menge kleiner Hotels und Pensionen sowie Tavernen, in denen man einkehren kann.

TOUR 6

INS KEDROS-GEBIRGE

ROUTE: Rethimnon > Spili > Agia Galini > Abstecher Agios Pavlos > Rethimnon

KARTE: Seite 82
DAUER: Tagestour; ca. 150 km
PRAKTISCHE HINWEISE:

- Die auf vielen Karten eingezeichnete Küstenstraße zwischen Agia Galini und Agios Pavlos gibt es (noch) nicht.

TOUR-START:

Hier lernt man das reizvolle Landesinnere Kretas kennen. Auf der Hauptstraße 77 fährt man von Rethimnon nach Süden über **Spili** 9 > S. 90 (Richtung Agia Galini). In dem grünen Städtchen Spili legt man eine Pause ein, bevor es ins Kedros-Gebirge hinaufgeht. Bei Akoumia ist der Scheitel erreicht, das Gebirge mit seinen tief erodierten Rillen und rostbraunen Schluchten zum Greifen nahe. Durch Olivenhaine geht es nun stetig bergab nach **Agia Galini** 10 > S. 91, einem quirligen Fischer- und Urlaubsort mit vielen Einkehrmöglichkeiten und Stränden in Ortsnähe. Von Agia Galini nach **Agios Pavlos** 11 › S. 92 sind es landeinwärts um den Berg herum 25 km. Der Abstecher führt zu einem langen Strand, an dem es recht ruhig zugeht.

TOUR 7

BERGE UND MEER

ROUTE: Rethimnon › Kloster Arkadi › Eleftherna › Margarites › Perama › Panormos › Bali › Rethimnon

KARTE: Seite 82
DAUER: 1 Tag; 100 km
PRAKTISCHE HINWEISE:
- Ohne Badeaufenthalt ist dies auch eine schöne Halbtagestour.
- Für diese Tour kommen nur Auto oder Motorrad infrage.

TOUR-START:

Kommen Sie im Kloster Arkadi kretischem Nationalstolz auf die Spur, halten Sie im bildhübschen Töpferdorf Margarites und schließen Sie diese überschaubare kleine Runde mit einem Badestopp in einer der kleinen Buchten westlich von Rethimnon ab.

Rund 5 km östlich von Rethimnon biegt eine kurvenreiche Straße von der Küstenautobahn landeinwärts ab und zieht sich an einer Schlucht entlang den Berg hinauf. Dort oben liegt einsam auf einer Hochebene das kretische Nationaldenkmal **Kloster Arkadi** 3 › S. 87, Symbol für den Widerstand gegen die türkischen Besatzer im 19. Jh., ein Muss für jeden Kreta-Reisenden, der sich für griechische Geschichte interessiert. 5 km weiter erreicht das Sträßchen Eleftherna auf dem Gebiet einer antiken Polis – ein gut erhaltener Wachturm ist schon von Weitem zu sehen. Drei Kurven später erreichen Sie das Töpferdorf **Margarites** 4 › S. 88, in dem in mehreren Werkstätten heute noch auf traditionelle Weise Keramik hergestellt wird. Von den Tavernen am Hauptplatz genießt man einen großartigen Ausblick ins Tal.

Keramikverkauf im Töpferort Margarites

Durch wilde und bergige Landschaft führt die Straße über Perama und die Tropfsteinhöhle von Melidoni zurück zur steil abfallenden Küste, die sie nahe **Bali** 6 › S. 89 erreicht. Hier oder spätestens auf dem Rückweg über die Küstenautobahn beim Badeort **Panormos** 5 › S. 89 ist ein guter Moment für einen Badestopp oder für ein Essen in einer der gemütlichen Tavernen an den jeweiligen kleinen Häfen.

TOUR 8

DER BERG RUFT

ROUTE: Perama › Anogia › Nida-Hochebene › Psiloritis › Perama

KARTE: Seite 82

TOUREN IM REGIONALBEZIRK RETHIMNON

TOUR 5

KLOSTERBESUCH & STRANDLEBEN

Rethimnon › Preveli › Plakias

TOUR 6

INS KEDROS-GEBIRGE

Rethimnon › Spili › Agia Galini › Abstecher Agios Pavlos

TOUR 7

BERGE UND MEER

Rethimnon › Arkadi › Eleftherna › Margarites › Perama › Panormos › Bali

TOUR 8

DER BERG RUFT

Perama › Anogia › Nida-Hochebene › Psiloritis › Perama

DAUER: Tagestour; 120 km
PRAKTISCHE HINWEISE:
- Warme Kleidung mitnehmen!

TOUR-START:

Bergfreunde lassen ihn natürlich nicht unbestiegen: den **Psiloritis** (2456 m), Kretas höchsten Berg. Der Weg hinauf und hinunter dauert 8–9 Std. › S. 90. Auf der Nida-Hochebene an seiner Ostseite beginnt der Aufstieg zum Timios Stavros, dem Gipfel, von dem sich ein überwältigender Rundblick bietet. Wer weniger sportlichen Ehrgeiz mitbringt, wandert nur bis zur Idäischen Höhle, in der Göttervater Zeus von Nymphen mit Milch und Honig aufgezogen worden sein soll. Oder man fährt mit dem Auto hinauf, um von der Nida-Hochebene aus die kretische Berglandschaft zu

Karte S. 82

genießen. Ein Erlebnis sind die Berge in jedem Fall. Auf dem Weg dorthin sollte man im Weberdorf **Anogia** 7 › S. 89 Pause machen.

Die Route lässt sich ideal kombinieren mit › S. 81 Tour 7, indem man von Rethimnon über Arkadi und Margarites nach Perama fährt (ca. 25 Min.).

Wer nicht von Rethimnon, sondern aus Richtung Iraklion kommt, für den lohnt sich ein Stopp im lauschigen Weinbauerndorf **Tilissos,** in dem drei gut erhaltene minoische Villen ausgegraben wurden. Im Südtrakt von Haus A ist als Rarität eine minoische Toilette mit Wasserspülung zu bewundern.

UNTERWEGS IN DER REGION

RETHIMNON 1 ★ F3

Die auf einer kleinen Halbinsel gelegene Universitätsstadt (22 000 Einw.) wetteifert mit Chania um den Titel der Schönsten Kretas. Die Altstadt wirkt orientalischer als die von Chania, ist aber weniger gut erhalten. Der venezianische Hafen ist intimer: Fischerboote dümpeln vor sich hin, und vor den pastellfarbenen Hausfassaden reihen sich die Fischrestaurants aneinander.

Das Ortsbild nördlich des Stadtparks prägen enge Gassen. Die venezianischen Häuser erkennt man an den schmucken, von Bögen überspannten Portalen und an den Steinprofilen, die die Fenster rahmen. Manche Häuser haben noch immer den charakteristischen türkischen Holzerker. Von der Zitadelle über der Stadt kann man die orientalische Vergangenheit der Stadt auch an den vielen Minaretten der einstigen türkischen Moscheen erkennen. Rethimnon besitzt einen breiten Sandstrand mit schönem Blick auf die Fortezza.

Während Iraklion als Kretas Wirtschaftsmetropole gilt und Chania als politische Schaltstelle, ist Rethimnon das geistige und wissenschaftliche Zentrum der Insel. Hier ist die geisteswissenschaftliche Fakultät der in den 1970er-Jahren gegründeten Universität von Kreta angesiedelt. Wissenschaft und Forschung haben hier eine lange Tradition: Aus Rethimnon stammen bedeutende Gelehrte, die einst nach Italien ausgewandert sind und sich über Kreta hinaus einen Namen gemacht haben.

Die ältesten Reste der Stadt gehen auf die minoische Zeit zurück; die nachminoische dorische Stadt trug den vorgriechischen Namen Rethymna. Während der Türkenzeit lebten hier vorwiegend Türken.

BUCH-TIPP:

Das Leben der Türken in jener Zeit, das sich zwischen Kaffeehaus und Pferdesattel abspielte, schildert der 1909 in Rethimnon geborene Autor **Pandelis Prevelakis** in seinem Buch **»Chronik einer Stadt«** (Bibliothek Suhrkamp, nur antiquarisch).

EIN HAFEN WIE AUS DEM BILDERBUCH

Die Hauptattraktion Rethimnons ist der farbenfrohe **Venezianische Hafen** 4 A c2. Hier haben sich vor allem Fischrestaurants der gehobenen Preisklasse etabliert. Die Fassaden sind jedoch verfallen und verströmen einen etwas morbiden Charme. Über den **Stadtstrand** B c2 geht es zur **Moschee des Kara Moussa Pascha** C c3 (17. Jh.), die ein hübscher Garten schmückt.

Die **Odos Arkadio** D c3 ist die Einkaufsstraße Rethimnons. Hier gibt es Lederwaren, Schmuck und jeden nur denkbaren Nippes. > mehr S. 17 Punkt 33 Bei Haus Nr. 60 sieht man Reste des venezianischen Palazzo in der Via dello Zar. Am Nordende zweigt rechts die schmale Souliou mit weiteren Geschäften ab.

IM HERZEN DER STADT

Laut einer Inschrift stammt der **Rimondi-Brunnen** E b2 mit korinthischen Säulen und wasserspeienden Löwenköpfen von 1629 und wurde von Alvise Rimondi erbaut. Ebenso wie der Morosini-Brunnen in Iraklion diente er einst zur Wasserversorgung der Stadt.

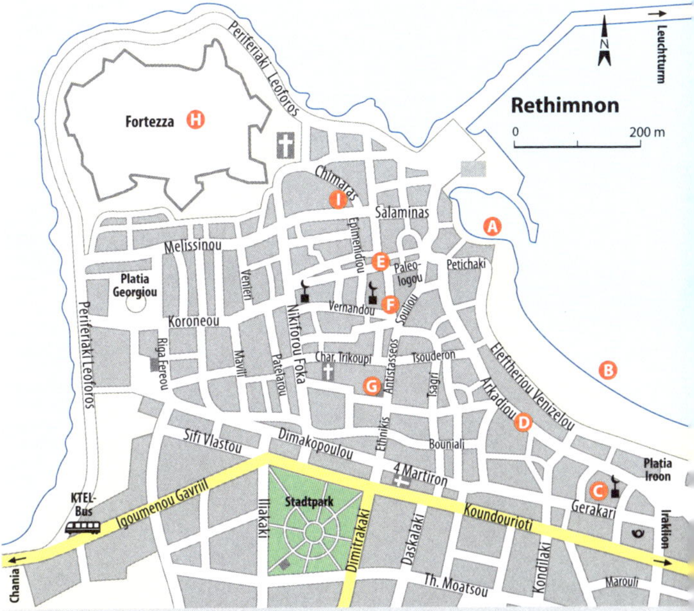

A Venezianischer Hafen
B Stadtstrand
C Moschee des Kara Moussa Pascha
D Odos Arkadio
E Rimondi-Brunnen
F Moschee des Pascha Nerazze
G San Franceso (Archäologisches Museum)
H Zitadelle
I Museum für zeitgenössische Kunst Leftheris Kanakakis

Die **Moschee des Pascha Nerazze** F b2 wird heute von einem Konservatorium genutzt, das nicht öffentlich zugänglich ist. Ihr Funktionswechsel spiegelt die Geschichte Kretas wider: Die venezianische Klosterkirche (Santa Maria) aus dem 16. Jh. wandelten die Türken zur Moschee um.

Ein Teil der Sammlung des **Archäologischen Museums,** das 2015 geschlossen wurde und neu geplant werden soll, befindet sich in der Kirche **San Francesco** G (Altstadt, Odos Ethnikis Antistasseos, Di–So, 10–18 Uhr, Tel. 28 31 05 46 68). Zu sehen sind u.a. Exponate aus der Steinzeit (Steinwerkzeuge, Münzen) über Kykladen-Idole aus Marmor bis zu minoischen Tonsarkophagen, die mit Jagdszenen bemalt sind, und ein Bodenmosaik aus dem 4./5. Jh. Die – ausgegrabenen und leeren – Kammergräber können vor Ort besichtigt werden (9 km landeinwärts an der Straße nach Spili, geöffnet wie San Francesco).

Von den venezianischen Städten auf Kreta hatte nur Rethimnon eine »Festung in der Festung«. In der **Zitadelle (Fortezza)** H a1 sind Zisternen, Munitionskammern und die Sultan-Ibrahim-Moschee mit ihrer weiten Kuppel zu besichtigen. Ihr Minarett wurde gekappt und steht nur noch als Stumpf.

Wer sich für moderne Kunst interessiert, sollte das in einer alten Seifenfabrik untergebrachte **Museum für zeitgenössische Kunst Leftheris Kanakakis** I b2 besuchen. Es zeigt Werke aus der Zeit von etwa 1950 bis heute (Odos Chimaras 5, www.cca.gr, Di–Fr 9–14, 19–21, Sa, So 10–15 Uhr).

INFO

Touristeninformation

- Venizelou Sofokli (Promenade) Rethimnon | Tel. 28 31 02 91 48 www.rethymnon.gr

VERKEHR

- **Busse: KTEL-Busstation** östlich der Altstadt beim Schwimmbad Tel. 28 31 02 27 85 | www.e-ktel.com
- **Fähren:** Täglich Fähren nach Piräus. Es werden regelmäßig Tagesfahrten nach Santorin angeboten.

HOTELS

Avli €€€

Venezianisch-kretisches Ambiente trifft auf modernes Design in einer liebevoll eingerichteten alten Villa mit antikem Innenhof.

- Xanthoudidou 22 / Radamanthios Rethimnon | Tel. 28 31 05 82 50 www.avli.gr

Palazzo Vecchio €€€

Exklusive Residenz in einem venezianischen Palast in der Nähe der Fortezza. Freundlicher Service.

- Ecke Heroon Polytechniou / Odos Melissinou | Rethimnon Tel. 28 31 03 53 51 www.palazzovecchio.gr

Mantenia €€

Schickes, modernes Haus mit 24 Zimmern, mit Pool und aufmerksamem Service. 4 km östlich am Meer gelegen.

- Leoforos Machis Kritis & Limnou Platanes | Tel. 28 31 05 51 64 www.manteniahotel.gr

RESTAURANTS

Alana €€

Traditionelle Speisen modern interpretiert, Terrasse mit Wohlfühl-Ambiente.

- Salaminos 15 | Rethimnon
  Tel. 28 31 02 77 37
  www.alana-restaurant.gr

Pigadi €€

Altstadt-Restaurant mit üppig dekoriertem, begrüntem Innenhof unterhalb der Festung. Weiterentwickelte klassisch kretische Küche. > **mehr S. 14 Punkt 17**

- Xanthoudidou 31 | Rethimnon
  Tel. 28 31 02 75 22
  www.pigadi-crete.com

Samaria €

Das Traditionsrestaurant der Stadt schlechthin, mit einfacher Ausstattung, günstigen Preisen und guter Küche.

- Elefteriou Venizelou 39 (Promenade) Rethimnon | Tel. 28 31 02 46 81

Bar Fraoules €

Tagsüber cooles Café an der Promenade, abends Disco und Livemusik.

- Elefteriou Venizelou 62 | Rethimnon

SHOPPING

In der Loggia Arkadiou / K. Paleologou gibt es einen vom Kultusministerium betriebenen **Museumsshop,** der hochwertige Repliken antiker Skulpturen verkauft (Mo–Sa 9–15 Uhr).

ARGIROUPOLIS 2 F4

Das romantische Bergdorf liegt auf einem Hügel, von dem man einen wunderbaren Blick auf das darunterliegende Tal genießt. Argiroupolis wurde auf den Fundamenten der antiken Stadt Lappa erbaut. Das römisch-venezianische Tor und die Überreste einer venezianischen Villa kann man sich in der **Altstadt** ansehen, zudem gibt es im Dorf ein kleines **Volkskundemuseum.**

Das beliebteste Ausflugsziel sind die **Wasserfälle,** die von wasserreichen Quellen gespeist werden, etwa 1 km unterhalb des Dorfes. In der grünen Oase bieten ein paar Tavernen Fisch- und Fleischgerichte an.

Vom Ort führt ein alter Steinpfad (1,5 km) zur **Nekropole,** antiken Gräbern, die in der Nähe einer Kapelle in den Fels gehauen wurden.

KLOSTER ARKADI 3 ★ G4

Das Kloster Arkadi ist das Symbol des kretischen Freiheitskampfes > S. 88. Der Rundgang durch die Anlage beginnt am Parkplatz vor

Der Innenhof des Klosters Arkadi

dem Kloster im Mausoleum, in dem die Gebeine (vorwiegend Köpfe) von Märtyrern in einer Vitrine ausgestellt sind. Im Kloster werden linker Hand das Refektorium mit zahlreichen Kampfspuren und das Pulvermagazin, in dem 964 Menschen ihr Leben ließen, gezeigt. › mehr S. 16 Punkt 26 Neben dem Kloster dokumentiert ein kleines Museum u. a. den Angriff von 1866.

Die aus dem 15./16. Jh. stammende Klosterkirche zeigt eine Fassade im Stil der kreto-venezianischen Renaissance, die mit Säulen und klassizistischem Gebälk versehen ist. Das Innere wurde leider weitgehend zerstört, sodass die Kirche heute mit Ikonen des 20. Jhs. ausgeschmückt ist. Die geschnitzte Ikonostase aus Olivenholz stammt von 1927 (Juni–Aug. 9–20, April/Mai, Sept./Okt. tgl. 9–19 Uhr, sonst kürzer, www.arkadimonastery.gr/index.php).

MARGARITES 4 G3

An der Landstraße zwischen Arkadi und Perama liegt der Töpferort Margarites, in dem mehrere Werkstätten in Handarbeit Souvenir-Keramik herstellen. Bei einem Bummel durch das gepflegte Örtchen lassen sich neben Gebrauchskeramik auch verzierte Fliesen und moderne Skulpturen erstehen. › mehr S. 18 Punkt 35 Nur durch die touristische Nachfrage kann der traditionelle Wirtschaftszweig Töpferei auf Kreta überleben. Ein zweites kretisches Töpferdorf ist Thrapsano bei Iraklion.

RESTAURANT

Mantalos €€

In der hübschen Taverne sitzt man unter Maulbeerbäumen und genießt die Aussicht auf die Küstenebene.

- Platia | Margarites
  Tel. 28 34 09 22 94

DER MASSENSELBSTMORD VON ARKADI

Arkadi ist das kretische Nationalheiligtum schlechthin. Im November 1866, zur Zeit der türkischen Besatzung Kretas, sprengten sich hier 964 Kreter – die meisten von ihnen waren Frauen und Kinder – angesichts einer türkischen Übermacht in aussichtsloser Lage selbst in die Luft. Viele der 15 000 türkischen Belagerer wurden mit in den Tod gerissen.

Der kollektive Selbstmord schreckte die Weltöffentlichkeit auf. Die Philhellenen forderten die europäischen Großmächte auf, sich für den Anschluss Kretas an das griechische Mutterland einzusetzen. Doch die hatten ihre eigenen Sorgen. Der Preußisch-Österreichische Krieg fand gerade statt, und Großbritannien hatte sich nach der Beendigung des Krimkrieges im Jahre 1856 in die *splendid isolation* begeben, um sich sein koloniales Empire zu sichern. Zudem verfolgte es eine Politik der Konsolidierung des Osmanischen Reiches, um ein weiteres Vordringen von Russland über die Dardanellen in das Mittelmeergebiet zu verhindern.

PANORMOS 5 G3

Das ruhige Panormos selbst besitzt viele restaurierte Gebäude und einen hübschen kleinen Hafen, um den sich zahlreiche Tavernen gruppieren, in denen sich in lauen Nächten alles trifft. Oberhalb des Dorfes entdeckt man am Hang die Ruinen der frühbyzantinischen Basilika Agia Sofia aus dem 6. Jh. Die großen Hotels liegen außerhalb des Ortes.

BALI 6 H3

Bali (der Name geht auf die türkische Bezeichnung für Honig zurück) mit seinen fünf kleinen Buchten an der Nordküste zwischen Rethimnon und Iraklion war bis vor etlichen Jahren ein ursprünglicher Bade- und Fischerort mit kleinen Pensionen. Die ringsum zahlreich entstandenen Hotelneubauten zeugen jedoch davon, dass Bali mittlerweile zu den beliebtesten Urlaubszielen auf Kreta zählt. Der Ort wartet auch mit einem lebendigen Nachtleben auf.

HOTEL

Bali Beach €€

Das Bungalowhotel mit zwei Pools liegt sehr schön an einer Bucht. Alle Zimmer haben Balkon und Meerblick.

- Bali | Tel. 28 34 09 42 10/11 www.balibeach.gr

ANOGIA 7 ★ H4

Das kretische Bergdorf (2500 Einw.) liegt auf 800 m Höhe an den Hängen des **Ida-Massivs.** Ein Aufenthalt lohnt allein schon wegen der klaren Bergluft und der reizvollen Wandermöglichkeiten. Auf dem Rathaus- und Kirchplatz des oberen Anogia erinnert ein Kriegerdenkmal an die Revolten gegen die Türken. Doch Widerstand leisteten die Anogianer auch gegen deutsche Besatzer im Zweiten Weltkrieg. Am 15. August 1944 wurde das Dorf bis auf die Grundmauern von deutschen Truppen zerstört. Alle Männer, derer die Deutschen im Umkreis von 2 km habhaft werden konnten, wurden hingerichtet.

Heute besucht man als Deutscher Anogia mit einem Gefühl der Beklemmung. Doch die Anogianer stehen den Touristen offen gegenüber, kommen sie doch nicht mehr als Eindringlinge, sondern als Gäste. Zudem gelten deutsche Touristen als zahlungskräftig, was Anogias Hauptwirtschaftszweig, der Weberei, zugutekommt.

Eine weitere Tradition Anogias ist die Musik. Berühmte Lyraspieler wie Psarantonis und Xilouris stammen von hier. In Anogia werden regelmäßig »kretische Abende« für Touristen organisiert.

Alljährlich am 3. Juli wird das Fest des hl. Iakinthos in Anogia und an der Zufahrt zur Nida-Hochebene gefeiert – gleich eine ganze Woche lang mit Musik und Tanz.

HOTEL

Aristea €

Zimmer und Studios mit Blick in die Bergwelt des Psiloritis.

- Tel. 28 34 03 14 59 | Anogia www.hotelaristea.gr

SHOPPING

Die Frauen Anogias stellen **Webarbeiten** her, die künstlerisches Niveau erreichen. Verkauft werden die Arbeiten hauptsächlich rund um die Platia im unteren Ortsteil. Dort bekommt man auch die traditionellen Fransentücher, *Sariki*.

NIDA-HOCHEBENE

20 km hinter Anogia beginnt die Nida-Hochebene, auf der die Viehzüchter von Anogia im Sommer ihre Käsereien unterhalten. Von hier aus kann man die Besteigung des höchsten Berges Kretas, des **Psiloritis** 8 H4 (2456 m) im Ida-Gebirge, in Angriff nehmen. Die Wanderung, für die man bestens ausgerüstet sein sollte, dauert 8 bis 9 Std. (hin und zurück). Der Weg ist unregelmäßig mit roten Punkten und Steinpyramiden markiert, teils geht es querfeldein.

Eine asphaltierte Straße führt von Anogia auf die Ebene zu einem Parkplatz (dort gibt es eine Taverne), von wo die Wanderung auf den Psiloritis beginnt. Weiter führt eine Schotterpiste zur Analipsi-Kapelle und zur 1540 m hoch gelegenen **Idäischen Höhle** *(Ideon Andron)*, einer minoischen Kulthöhle, in der Zeus angeblich seine Kindheit verbrachte.

SPILI 9 G4

Der wasserreiche, sehr grüne Ort liegt an den Ausläufern des Kedros-Gebirges und ist Bischofssitz. Auf

DIE ZERSTÖRUNG VON ANOGIA

Im Sommer 1944 befand sich die deutsche Wehrmacht an allen Fronten auf dem Rückzug. In Griechenland und besonders auf Kreta versuchten Partisanen, den Rückzug zu beschleunigen. Auf Kreta machte ein spektakuläres britisch-kretisches Kommandounternehmen auf sich aufmerksam. Die Partisanen hatten es am 26. April geschafft, den deutschen Oberkommandierenden der Insel, General von Kreipe, auf der Fahrt vom Hauptquartier in Archanes zu seiner Dienstwohnung, der Villa Ariadne bei Knossos, zu entführen. Sie zogen mit ihrer Beute durch Anogia und dann über das Ida-Massiv nach Preveli, wo sie von einem britischen Schnellboot abgeholt und nach Alexandria verschifft wurden. Die Viehzüchter von Anogia, die das umliegende Gebirge und seine zahlreichen Höhlen wie ihre Provianttasche kannten, halfen den Entführern, nicht entdeckt zu werden. In den knapp drei Wochen zwischen Entführung und Evakuierung durchkämmten die Deutschen mit ca. 30 000 Mann das Ida-Gebirge, zusätzlich wurden Flugzeuge mobilisiert.

Eine Gedenktafel am Rathaus erinnert an die Zerstörung Anogias; auf einer Alabasterplatte ist der Tagesbefehl, das Dorf niederzubrennen, eingraviert. Zum Wiederaufbau Anogias in der Nachkriegszeit haben Amerikaner beigetragen. Deutschland hat zu Beginn der 1960er-Jahre Pauschalleistungen gezahlt; darüber hinausgehende Forderungen werden abgelehnt.

Am dem Nida-Plateau wuchs der Sage nach Zeus auf

der Platia spendet ein venezianischer Brunnen mit 25 Löwenkopf-Wasserspeiern bestes Quellwasser. Im Ort gibt es viele Läden, die Öle, Gewürze und Kosmetik verkaufen.

RESTAURANT

Yannis €

Traditionelle Gerichte, gut und günstig.

- Hinter venezianischem Brunnen | Spili
  Tel. 28 32 02 27 07

AGIA GALINI 10 G5

»Es gab ein kleines Hotel und Privatunterkünfte in den Häusern der Einheimischen, in der Hauptstraße einige Kafenions und Restaurants, die sich auf Fremdenverkehr eingestellt hatten, doch schien Agia Galini vom Pauschaltourismus bislang weitgehend verschont …« schreibt Klaus Modick in seinem Roman »Der kretische Gast«, der wechselweise in Kreta im Zweiten Weltkrieg (1943–45) und Mitte der 1970er-Jahre spielt. Inzwischen zählt Agia Galini zu den beliebtesten Urlaubsorten an der Südküste. Der ehemalige Fischerort zieht sich oberhalb eines kleinen Hafens den Hügel hinauf. Etwas erhöht steht ein Denkmal für Dädalus und Ikarus, die hier der Sage nach zu ihrem tragischen Flug starteten. Vom Hafen aus erreicht man zu Fuß den sandigen Ortsstrand. Zu weiter entfernten Buchten verkehren Badeboote.

HOTELS

Astoria €–€€

Familiäres Haus mit 25 Zimmern, jeweils mit Balkon oder Terrasse.

- Am Ortseingang | Agia Galini
  Tel. 28 32 09 12 53
  www.astoria-agiagalini.gr

Ariadne €€

Studios mit Balkon in Panoramalage; mit Taverne und Swimmingpool.

- Im oberen Ortsteil | Agia Galini
  Tel. 28 32 09 13 80
  www.ariadne-apartments.com

RESTAURANTS

Kosmas €

Kretische Spezialitäten und vegetarisch-asiatische Gerichte.

- Fressgasse | Agia Galini
  www.tavernakosmas.gr

Faros €

Institution in Sachen Fisch.

- Mittlere Gasse | Agia Galini
  www.gogalini.com/faros

Tatso Mondo €

Knusprige Pizzen aus dem Holzofen.

- Westseite des Hafens | Agia Galini
  www.gogalini.com/tatso-mondo

AGIOS PAVLOS 11 G5

Westlich von Agia Galini liegt die Bucht von Agios Pavlos mit einem langen Strand und ein paar Tavernen. Im Sommer steuern regelmäßig Boote von Agia Galini und von Plakias aus die beliebte Badebucht an.

PREVELI 12 5 F4

Das **Kloster Preveli** liegt in karger Felslandschaft 170 m über dem Libyschen Meer. Es verfügt über ein kleines Museum. Direkt darunter liegt der Traumstrand Preveli, wo es sich wunderbar im Schatten der Palmen dösen lässt. Es stellt sich allein die Frage, ob man im Meer oder im klaren Süßwasser, das aus der Schlucht plätschert, baden will. Das süße Wasser stammt vom **Megalopotamos,** auch Kourtaliotiko genannt. Er gräbt sich durch eine tiefe Schlucht und mündet, quasi über den Sandstrand, in der Nähe der Cafeteria ins Meer. Hotels gibt es hier trotz der paradiesischen Zustände keine, vielleicht weil der Strand nicht direkt mit dem Auto zu erreichen ist. Am besten fährt man über eine holprige Piste zum benachbarten Palm Beach – von dort ist es nur ein kurzer Fußweg. Die meisten Busse und Mietwagen steuern den teils gebührenpflichtigen Parkplatz unterhalb des Klosters an. Von dort führt ein steiler Stufenweg (15 Min.) hinunter zum Strand. Von Plakias und Agia Galini aus kann man sich mit Booten zum Strand von Preveli schippern lassen.

Über das verlassene Kloster Kato Preveli erreicht man das einsam über dem Meer gelegene Johanneskloster Piso Preveli. Während der deutschen Besatzungszeit unterstützten die Mönche die Evakuierung alliierter Truppen nach der Schlacht um Kreta. Aus Rache plünderten die Deutschen das Kloster und beschädigten das Gotteshaus.

ASOMATOS 13 F4

Das **Volkskundemuseum Papa Michalis Georgoulakis** in Asomatos zeigt eine ungewöhnliche Sammlung von Exponaten aus dem kretischen Alltagsleben der letzten Jahrhunderte. Der Weg dorthin ist im Ort ausgeschildert.

PLAKIAS 14 ★ F4

Der einst beschauliche Fischerort mit seinem kilometerlangen Sandstrand hat sich zum beliebten Ferienort mit touristischer Infrastruktur entwickelt. › mehr S. 12 Punkt 6 Große Hotels sind bislang nicht entstanden (www.plakias-filoxenia.gr). Um Plakias herum gibt es weitere Strände zu entdecken: westlich den von **Souda** (etwa 40 Min. zu Fuß), östlich **Damnoni** und **Amoudi,** zu erreichen über die Straße nach Lefkogia.

HOTEL

Lofos €

Einfache Zimmer, Pool, Restaurant.

- Oberhalb am Hang | Plakias
  Tel. 28 32 03 14 22

RESTAURANT

Christos €–€€

Für Fischspezialitäten bekannte Taverne.

- Am Hafen | Plakias 7 | Tel. 28 32 03 14 72

AUSFLUG NACH MIRTHIOS 15 F4

Etwa 2,5 km oberhalb von Plakias am Hang liegt das Bergdorf Mirthios, von dem aus man eine fantastische Aussicht aufs Meer genießt. Man wandert von Plakias etwa 45 Min. durch Olivenhaine.

RESTAURANT

Panorama €

Kretische Gerichte, toller Ausblick.

- An der Platia | Mirthios
  Tel. 28 32 03 14 50

Ziegenherde im bergigen Hinterland von Plakias

REGIONAL-BEZIRK IRAKLION

Die Landschaft um Archanes ist geprägt vom Wein- und Olivenanbau

Karte S. 96

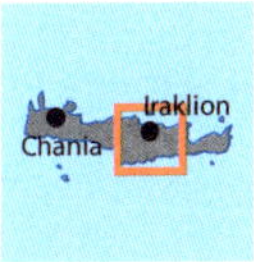

Einzigartige Relikte minoischer Kultur im Archäologischen Museum von Iraklion, in Knossos und Phaistos, Strandleben in Chersonissos und Malia, Wandern in der Rouvas-Schlucht und Hippie-Flair in Matala erwarten Urlauber im Bezirk Iraklion.

Wenn es so etwas wie ein Zentrum auf Kreta gibt, dann ist es der Regionalbezirk Iraklion. Er vereint die gleichnamige Hauptstadt, das Wirtschafts- und Verwaltungszentrum, mit den wichtigsten Kulturstätten wie **Knossos** und **Phaistos** (Festos). Er bietet auch die größten und betriebsamsten Urlaubsorte wie Chersonissos und Malia.

Ein Großteil der Besucher reist über den Flughafen von Iraklion auf die Insel und verlässt die größte Stadt Kretas auch zumeist sofort wieder. Lediglich der Eindruck von zusammengewürfelten Wohnvierteln und fürchterlichem Verkehr bleibt als Erinnerung. Der Reiz der Hafenstadt mit ihrem lebhaften Treiben, kleinen Gassen, modernen Cafés am Meer und einem phänomenalen Archäologischen Museum erschließt sich erst nach und nach.

In den Ferienorten an der Nordküste ist richtig, wer Sonne, Strand und Unterhaltung satt sowie komfortable Unterkünfte sucht. **Malia** und **Chersonissos** sind für ihr trubeliges Nachtleben bekannt. Malia jedoch verfügt über eine der Hauptsehenswürdigkeiten Kretas, den minoischen Palast von Malia (um 1900 v. Chr.). Die Bausünden der 1960er-Jahre werden in dieser Gegend am deutlichsten: Riesige Hotelanlagen, klotzige Apartmentkomplexe, dazwischen Verkaufsbuden und Restaurants, die ohne Entwicklungsplan und Infrastrukturmaßnahmen in eine bäuerliche Landschaft oder unmittelbar an die laute Durchgangsstraße gesetzt wurden und heute kaum mehr rückgängig zu machen sind.

Wer es ruhiger mag, den zieht es eher an die Buchten der Südküste ins etwas abgelegene **Lentas** oder in die ehemalige Hippie-Hochburg **Matala** mit ihren Felshöhlen am Strand. In der Umgebung gibt es noch einige kleinere, recht beschauliche Orte zu entdecken.

Kulturinteressierte verbringen Zeit in der Messara-Ebene an den Ausgrabungen von **Phaistos** (Festos) und **Agia Triada,** die quasi im Herzen Kretas liegen, und gewinnen in **Gortis** zudem Einblicke in die römische Epoche.

In den Bergen ist mancherorts noch kretische Atmosphäre pur zu spüren. Eine Fahrt durch diese Landschaft ist ein einzigartiges Erlebnis. Bei einem Besuch im idyllisch gelegenen Weinbauerndorf **Archanes** deckt man sich am besten gleich mit ein paar mundenden Tropfen ein. Viele kleine Orte, durch die man kommt, sobald man von den Hauptstraßen auf Nebenstrecken abweicht, haben ihren besonderen Charme – und ein typisches Kafenion zur Stärkung gibt es am Dorfplatz eigentlich immer.

TOUREN IN DER REGION

TOUR 9

INS HERZ VON KRETA

ROUTE: Iraklion > Agia Varvara > Abstecher nach Zaros > Gortis > Phaistos > Agia Triada > Matala

KARTE: Seite 96
DAUER: 1 Tag; 100 km (einfach)
PRAKTISCHE HINWEISE:

- Am besten unternimmt man die Tour mit dem Auto (in Matala muss es auf dem Großparkplatz abgestellt werden).
- Matala ist auch per Bus erreichbar. Wer unterwegs aussteigen möchte, muss vorab prüfen, welche weiteren Verbindungen es gibt.

TOUR-START:

Diese Tour führt von Iraklion direkt nach Süden, quer über die Insel, und ist eine Empfehlung für alle Kulturfreunde und Fans der griechischen Antike. Aber auch Besucher, die Ruinenstätten normalerweise nicht allzu viel abgewinnen können, kommen auf ihre Kosten. Denn die Ausgrabungen von **Phaistos** (Festos) 14, **Agia Triada** 15 sowie von **Gortis** 16 > S. 119–122 bieten nicht nur Einblicke in die Kulturen längst vergangener Zeiten, sondern gefallen auch durch den landschaftlichen Reiz der Orte.

Man bekommt hier das Gefühl, die alten Griechen wie auch die Aussteiger der 1970er-Jahre wussten, wo es besonders schön ist. Die Hippies entdeckten **Matala** 17 > S. 122 und

TOUREN IM REGIONALBEZIRK IRAKLION

bezogen dort die Felshöhlen. Ein wenig vom Flair aus der Zeit der Rucksackreisenden ist noch spürbar. Heute ist Matala, der Endpunkt der Tour, nach wie vor ein beliebter Ausflugsort. In der Nähe gibt es auch ruhigere Buchten für einen Badeaufenthalt. Zudem bietet die Fahrt entlang der Hänge des Ida-Gebirges wundervolle Aus- und Einblicke in die Berglandschaft und über die Messara-Ebene. Auf der Fahrt lohnt ein Abstecher ins traumhaft gelegene Bergdorf **Zaros** 12 › S. 118, das für seine Fischtavernen und Mineralwasser berühmt ist.

TOUR 9

INS HERZ VON KRETA

Iraklion › Agia Varvara › Abstecher nach Zaros › Gortis › Phaistos › Agia Triada › Matala

TOUR 10

ZUR LASSITHI-HOCHEBENE

Iraklion › Chersonissos › Mochos › Lassithi › Neapoli › Malia › Iraklion

TOUR 10

ZUR LASSITHI-HOCHEBENE

ROUTE: Iraklion > Chersonissos > Mochos > Lassithi > Neapoli > Malia > Iraklion

KARTE: Seite 96
DAUER: Tagestour; 160 km
PRAKTISCHE HINWEISE:
- Die Tour lässt sich am besten mit dem Pkw durchführen.
- Empfehlenswert ist die Rückfahrt über Neapoli.
- In den Hotels werden organisierte Ausflüge auf die Ebene angeboten.

TOUR-START:
Auf der Fahrt zum beeindruckenden Landschaftserlebnis Lassithi liegt 14 km hinter Iraklion das minoische Megaron von **Nirou Chani** 5 > S. 113, dem man einen Besuch abstatten kann. Wegen der hier in großer Zahl entdeckten Votivgaben schlossen einige Forscher auf ein religiöses Zentrum, andere sehen den Bau als Teil einer Siedlung.

Bald darauf hat man am **Cret-Aquarium** bei Gournes > S. 106 erreicht. Mit Kindern wird man natürlich auch den **Star Beach Water** Park bei Chersonissos nicht auslassen (www.starbeach.gr).

Erst bei **Stalida** zweigt man von der Hauptstraße rechts ab, dann geht es in der Nachbarprovinz hinauf zur berühmten Lassithi-Hochebene > S. 134 und Tour 11 > S. 126.

UNTERWEGS IN DER REGION

IRAKLION 1 ★ K3

Halbfertige Betonskelette ragen in den vom Smog leicht getrübten blauen Himmel Kretas, der Verkehr staut sich in den engen Straßen – der erste Eindruck der Bezirkshauptstadt (170 000 Einw.) fällt eher ungünstig aus. Wer jedoch nicht nur eine Nacht bleibt, der wird die verborgenen, schönen Seiten der Stadt entdecken: stille Altstadtwinkel, wo sich herrenlose Katzen sonnen, lebhafte Geschäftsstraßen mit mehr Kretern als Touristen, traditionelle Kafenia, lauschige Parks und Plätze. Das kretische Nachtleben in einem der vielen Lyralokale ist ein Erlebnis und kein Vergleich zur inszenierten Standard-Folkloreshow in den kretischen Großhotels. Außerdem liegen in und bei Iraklion die Hauptsehenswürdigkeiten Kretas: das großartige Archäologische Museum mit den einzigartigen Funden der minoischen Kultur und der berühmte Palast von Knossos.

Iraklion war mit einer Unterbrechung von 1850 bis 1972 stets Hauptstadt von Kreta. Vom Palast des venezianischen Statthalters und seines türkischen Nachfolgers ist allerdings nichts mehr erhalten, er stand in der Nähe des Löwenbrunnens.

Das antike Iraklion ist nach Herakles benannt, dem griechischen Heroen. Als die Araber 828 Kreta eroberten, befestigten sie das Gebiet der antiken Stadt und nannten es Rabd el Kandak (Festungsgraben). Daraus machten die Venezianer ab 1204 Candia und etablierten hier ihren »Duca di Candia«. Nach 21-jähriger Belagerung durch die Türken (1648–1669) geriet Iraklion dann als letzte kretische Stadt unter die Herrschaft der Osmanen.

Heute ist die Stadt ein Klein-Athen und Zufluchtsort für die arbeitssuchende Landbevölkerung. Alles Sehenswerte liegt in der weitgehend von einer Stadtmauer umgebenen Altstadt.

ARCHÄOLOGISCHES MUSEUM IRAKLION (AMI) A 6 c2

Dass in diesem Museum so viele Meisterwerke der ersten Hochkultur Europas versammelt sind, ist keineswegs selbstverständlich. Denn die Kunstwerke der späteren klassischen und hellenistischen Kultur Griechenlands sind heute über die ganze Welt verstreut. Warum ist Kreta da ein Sonderfall? Wie im übrigen Griechenland waren es auch hier ausländische archäologische Missionen, die erste systematische Grabungen durchführten. Engländer gruben in Knossos und in den Zeushöhlen, Amerikaner in Gournia, Italiener in Phaistos (Festos), Franzosen in Malia. Als diese Grabungen aber um 1900 begannen, war die Zeit vorbei, in der griechisches Kulturgut in die großen europäischen Museen entführt werden konnte. Nachdem Kreta 1898 selbstständig geworden war und ab 1913 zu Griechenland gehörte, war der großzügige Antikenausverkauf nicht mehr zugelassen.

Seit dem Umbau (2014) präsentiert sich das Museum in neuem Glanz. Die Sammlung umfasst weltberühmte Ausstellungsstücke, die

Der Morosini-Brunnen in Iraklion ist ein beliebter Treffpunkt

größtenteils nach ihrer Entstehungszeit präsentiert werden. Wer durch die Räume geht, passiert Werke aus rund 7400 Jahren Geschichte. Gefunden wurden die Exponate nicht nur in Palästen, sondern auch in Landhäusern und Heiligtümern, vieles entstammt Grabmälern und manches sogar Höhlen.

ÄLTERE PALASTZEIT (2000–1700 V. CHR.)

Bemerkenswert ist die hauchdünne **Eierschalenkeramik,** die höchstes Töpferkönnen voraussetzt. Dank des **Stadtmosaiks** von Knossos, das die Fronten der minoischen Stadthäuser zeigt, haben wir heute eine Vorstellung vom Aussehen der Häuser in Gournia. Evans rekonstruierte nach diesem Mosaik den Palast von Knossos.

FUNDE DER ÄLTERE PALASTZEIT AUS PHAISTOS

Der **Diskos von Phaistos** ist noch nicht entziffert. Hieroglyphische Zeichen bewegen sich spiralförmig vom Rand zur Mitte hin. Es ist eine gegenständliche Schrift, wie die der Ägypter. Die Ideogramme zeigen z. B. einen Kopf mit aufrecht stehenden Haaren, einen fliegenden Vogel oder einen Läufer in kurzer Hose.

JÜNGERE PALASTZEIT (1700–1450 V. CHR.)

Die bar- und vollbusigen **Schlangengöttinnen** waren wohl als Göttinnen verkleidete Priesterinnen. Ihre Taille ist eng geschnürt, ihr Glockenrock weit ausgestellt. Schlangen winden sich um Kopf und Körper und in den ausgestreckten Händen. Sie symbolisieren offenbar die schwer beherrschbare Macht der Erde, der Natur und des Todes und vielleicht auch, weil sie sich häuten, eine Wiedergeburt.

Das **Hausmodell von Archanes** vermittelt einen plastischen Eindruck vom Aussehen der minoischen Landhäuser und Stadtvillen mit ihren Balkons und Lichthöfen.

FUNDE DER JÜNGEREN PALASTZEIT AUS AGIA TRIADA UND MALIA

Glanzstücke sind die berühmten drei Vasen aus schwarzem Chlorit, die in Agia Triada gefunden wurden. Das **Boxerrhyton** zeigt Boxszenen und einen misslungenen Stiersprung: Der Athlet wird vom Horn des Stieres durchbohrt. Die **Schnittervase** zeigt eine lustige Alltagsszene: Ein Trupp von Erntearbeitern zieht singend und ganz offensichtlich ziemlich angeheitert mit Ährenbündeln auf den Schultern vorbei. Und auf dem sogenannten **Prinzenbecher** schließlich salutiert ein Untergebener vor einem Vorgesetzten. Ihm werden Tierfelle überreicht, die von drei Männern getragen werden.

Unter den Goldschmiedearbeiten bezaubern die **Bienen von Malia,** die einst den Hals einer minoischen Dame zierten: Zwei Bienen mit geöffneten Flügeln tragen einen Tropfen Honig in eine Wabe.

FUNDE DER JÜNGEREN PALASTZEIT AUS KATO ZAKROS

Ein edles **Rhyton** (Opfergefäß) aus Bergkristall und ein weiteres, stark ergänztes **Rhyton** mit der Abbildung eines Gipfelheiligtums mit Bergziegen (Rekonstruktion an der Wand) beeindrucken ebenso wie der schwarze **Stierkopf,** ebenfalls ein Opfergefäß: Der Kopf hat im Maul ein unauffälliges Ausgießloch.

DIE WANDMALEREIEN

Die in einem eigenen Rahmen gezeigten minoischen Wandmalereien – sie stammen alle aus der Jüngeren Palastzeit – sind nur sehr fragmentarisch erhalten und daher stark ergänzt worden.

Dabei stützen sich die Wissenschaftler auf besser erhaltene Bilder, u. a. von Vasen und Sarkophagen. Vollständig bemalt ist z. B. der **Kalksteinsarkophag** von Agia Triada: Erste Langseite: Priesterinnen opfern einen Stier. Ein Mann spielt auf einer Flöte die Musik dazu. Zweite Langseite: Frauen gießen eine Opferflüssigkeit in ein Gefäß, das zwischen zwei Doppelaxtständern steht. Rechts daneben bewegt sich eine Prozession dreier Männer, die Tiere und ein Bootsmodell tragen, auf eine weiß gekleidete, armlose Gestalt zu. Man weiß leider nicht, was sich inhaltlich in dieser Szene genau abspielt.

Sehr aufschlussreich ist ein modernes Holzmodell des Palastes von Knossos. Besser als im Original erkennt man an ihm seine Ausdehnung und Struktur.

Welche Erkenntnisse können uns diese spärlichen Originalteile heute bieten? Diese Frage stellt sich z. B. bei dem **Miniaturfresko.** Die Darstellung wird oft als Beleg für die Matriarchatsthese bemüht: Frauen (wahrscheinlich Priesterinnen) mit erhobenen Händen zelebrieren einen Kult, vielleicht die Epiphanie einer Gottheit. Männer umrahmen die Szene und akklamieren.

Einige Meter weiter hängt die viel bewunderte **Kleine Pariserin.** Evans assoziierte die **sorgfältig geschminkte und gut frisierte Dame** mit den Damen der Gesellschaft im Paris der Belle Époque.

Der zwischen Papyrus- und Lotuspflanzen agierende **Blaue Affe** wurde früher als »Krokuspflücker« bezeichnet, denn Evans hatte die spärlichen Fragmente so angeordnet, dass ein Mann eine Krokusblüte pflückte. Der griechische Ar-

KÜHNES KUNSTSTÜCK

Außer dem Prozessionsfresko von der Westfassade des Palastes von Knossos ist das **Stiersprungfresko** (1650–1400 v. Chr.) legendär. Dargestellt sind drei Phasen des Sprungs oder auch drei Springer in gemeinsamer Aktion:

1. eine Frau (!) ergreift den heranstürmenden Stier bei den Hörnern,
2. ein Mann springt im Salto über den Stier hinweg,
3. nach einer Pirouette kommt eine Frau mit erhobenen Armen wieder zum Stehen. Ungeklärt ist, ob der Stiersprung eine kultische oder eine sportliche Handlung darstellte – falls es ihn so überhaupt gab.

KRETAS SCHATZTRUHE

Die Exponate im AMI umfassen einen Zeitraum von 5500 Jahren

Es muss eine sinnenfrohe, schöpferische und friedliche Kultur gewesen sein – die minoische, die vor rund dreieinhalbtausend Jahren unter bis heute ungeklärten Umständen so jäh vom Erdboden verschwand.

Als sich im ausgehenden 19. Jh. besessene Archäologen mit Schaufel und Hacke ans Werk machten, um unter der glühenden Sonne Kretas den Palast des legendären König Minos zu finden, sorgten sie für eine Sensation nach der anderen. Denn was sie aus der ausgedörrten Erde buddelten, waren spektakuläre Meisterwerke – die frühesten der abendländischen Kultur! Wer sie bestaunen will, muss das Archäologische Museum von Iraklion besuchen. Denn dort und nur dort sind sie aufbewahrt!

Die Sammlung ist überwiegend chronologisch und nach Fundorten gegliedert. Die minoischen Wandgemälde werden als besondere Ausstellung präsentiert. Angesichts der erschlagenden Fülle entscheidet man am besten schon vorab, welche Säle man besichtigen will. Dabei hilft die Beschreibung der international bekannten, wichtigsten Exponate › S. 99.

JEDES STÜCK EIN UNIKAT

Vieles, was in Griechenlands späterer kultureller Blütezeit geschaffen wurde, haben Archäologen außer Landes geschleppt. So ziert die Venus von Milo den Pariser Louvre, eine Karyatide vom Erechtheion und Skulpturen vom Athener Parthenon befinden sich im Britischen Museum in London. Ein Schicksal, dem die minoischen Objekte entgangen sind! In seltener und ungewohnter Einheit kann man die Kunstwerke und Kulturgegenstände jener Epoche am Ort ihrer Entstehung bewundern. Doch das ist nicht das Einzige, was die Sammlung so außergewöhnlich macht. Hinzu kommt, dass Vergleichbares fehlt. Die Stücke sind von meisterhafter Einzigartigkeit, und keines gleicht dem anderen.

SPIEGEL DES ALLTAGS

Die Objekte, ob aufwendig gearbeiteter Goldschmuck wie die Siegelringe mit feinsten Miniatur-Darstellungen von Göttinnen, dekorative, figürlich bemalte Vasen, Tonfiguren, Bronzestatuen, bildgewaltige Sarkophage und die berühmten Fresken aus Knossos, sie alle erzählen von einer friedfertigen, spielerischen, kunstliebenden Kultur, vom Alltag der Bauern und der höfischen Gesellschaft. Helden oder blutrünstige Krieger sucht man in der einzigartigen Sammlung vergeblich.

GEHEIMNISVOLLER DISKOS

Die Minoer schätzten vielmehr Tanz und Gesang, das leichte, sinnenfrohe Leben, kultische (Stier-) Spiele und elegant, ja modisch gekleidete Frauen. Sie sind immer wiederkehrende Motive auf Fresken und ein Indiz für die hohe Stellung der Frau innerhalb der Gesellschaft. Doch auch wenn die einzelnen Puzzleteile ein einigermaßen klares Bild des altkretischen Lebens vermitteln, einige Geheimnisse haben die Minoer bewahrt.

So ist es bislang noch keinem Forscher gelungen, die Schrift auf dem Diskos von Phaistos zu entziffern. Die Frage bleibt: Was könnten uns diese Hieroglyphen Interessantes über das Leben vor rund 3700 Jahren verraten?

INFO

- www.heraklionmuseum.gr, tgl. 8–20 Uhr (im Winter kürzer). Wer nicht lange in der Schlange stehen möchte, kommt am besten frühmorgens oder spätnachmittags. Zeitgebundene Onlinetickets erhält man unter https://etickets.tap.gr.
- Kombiticket Museum und Knossos: 16 €
- Am Eingang erhält man einen kostenloses Faltblatt mit Raumplan und Infos in Deutsch.
- Für das Fotografieren gelten dieselben Regeln wie sonst auch in den griechischen Museen > **S. 150.**

Minoischer Stierkopf (um 1500 v. Chr.)

chäologe N. Platon setzte dann aus den Fragmenten einen Affen zusammen – ein Beispiel dafür, wie unsicher oft auch die Archäologen bei der Deutung sind.

VON DER DEDALOU ZUM VENEZIANISCHEN HAFEN

In der **Dedalou** Ⓑ c2, der Einkaufs- und Tavernengasse (Fußgängerzone), findet man Schmuck- und Souvenirgeschäfte, Modeläden sowie kretische Boutiquen, weiterhin Nike-Shops.

Die Gasse mündet auf den **Venizelos-Platz** Ⓒ b1 mit dem venezianischen **Morosini-Brunnen** Ⓚ (Löwenbrunnen). Der lebhafte Platz ist ein beliebter Treffpunkt der Jugend, die sich allabendlich zur Zeit der Volta bei den *Leontaria* verabredet. > mehr S. 13 Punkt ⑫

Die vis-à-vis gelegene einstige venezianische Kathedrale ist nach dem Stadtheiligen Markus benannt. In der Basilika werden heute Kopien berühmter Fresken aus Kretas Kirchen ausgestellt.

Die **venezianische Loggia** Ⓓ c1 wurde 1626–28 errichtet. Sie diente den venezianischen Adligen als eine Art Klubhaus und ist ein

Ⓐ Archäologisches Museum
Ⓑ Dedalou
Ⓒ Venizelos-Platz
Ⓓ Venezianische Loggia
Ⓔ Venezianischer Hafen
Ⓕ Hafenfort
Ⓖ Historisches Museum
Ⓗ Marktgasse
Ⓘ Katharinenplatz
Ⓙ Kazantzakis-Grab
Ⓚ Morosini-Brunnen

herausragendes Beispiel für die Architektur im Stil der Renaissance auf Kreta.

In der Vorhalle der Loggia sind Medaillons berühmter Kreter angebracht: Knossos-Entdecker und erster Ausgräber Minos Kalokerinos, El Greco und sein Lehrer Michalis Damaskinos, der Dichter und Nobelpreisträger Odisseas Elitis und die Schriftsteller Vitzenzos Kornaros und Nikos Kazantzakis.

Die **Tituskirche** hinter der Loggia zeigt eine Mischung diverser Stilelemente: Eine türkische Kuppelmoschee wurde in eine christlich-orthodoxe Kirche zurückverwandelt. Islamisch sind jedoch noch die Arabesken, die »Eselsrücken« über den Fenstern und die Stalaktitgewölbe im Narthex (Vorhalle).

Der **venezianische Hafen** E c1 mit türkischem Leuchtturm wird heute als Fischer- und Jachthafen genutzt. Ein Blick in die venezianischen Arsenale lohnt ebenso wie der Besuch des Hafencafés, wo man nah am Wasser den Blick auf das abendlich erleuchtete venezianische **Hafenfort** F c1 genießen kann. Über die Mole schlendert man zu den gut erhaltenen Außenmauern des Forts, an ihnen sind drei Markuslöwen angebracht.

Die Attraktion im **Naturhistorischen Museum** ist ein Erdbeben-Simulator, (westl. vom Hafen, Sofokli Venizelou, www.nhmc.voc.gr).

VOM HAFEN ZUM KATHARINENPLATZ

Das **Historische Museum** G b1 (Sofokli Venizelou 27) ist im einstigen klassizistischen Wohnhaus des Kaufmanns Minos Kalokerinos untergebracht, der 1878 Knossos entdeckte. Das Museum bewahrt Objekte aus den nachklassischen Epochen Kretas. Im Obergeschoss sind die deutsche Besatzungszeit (1941–45) und ihre schrecklichen Ereignisse dokumentiert; hier sieht man auch das nachgestellte Arbeitszimmer des Autors Nikos Kazantzakis (»Alexis Sorbas«) und diverse Ausgaben seiner Bücher (April bis Okt. Mo–Sa 9–17, im Winter kürzer, www.historical-museum.gr).

Wer sich für Kazantzakis interessiert, der sollte auch das ihm gewidmete Museum in Mirtia › S. 112 bei Archanes sowie die Kazantzakis-Dokumentation im Volkskundemuseum in Agios Georgios › S. 135 auf der Lassithi-Ebene besuchen.

Im Gedränge der **Marktgasse** H b2 (Odos 1866) und in den schmalen Seitengassen mit dem Obst- und Gemüsemarkt, den vielen Souvenirgeschäften und Handwerksläden kommt Basaratmosphäre auf. Hier kann man günstig Gewürze erstehen, Joghurt aus Tontöpfen probieren oder sich beim Schuster auf der Straße die Absätze erneuern lassen.
› mehr S. 14 Punkt 14

Am oberen Ende der Marktgasse, an der **Platia Kornarou**, steht der venezianische **Bembo-Brunnen** mit einem kopflosen römischen Togatus aus Ierapetra. Daneben lädt ein türkisches Brunnenhaus, in dem heute ein winzig kleines Kafenion untergebracht ist, zu einer Pause ein.

Am **Katharinenplatz** I b2 *(Platia Agia Ekaterinis)* lohnt das

Ikonenmuseum (Christian Art Museum) mehr als einen Blick. Es befindet sich in der 1555 gegründeten Kirche Agia Ekaterini, der einstigen Kirche des Katharinenklosters, das unter den Venezianern vom Katharinenkloster der Sinai-Halbinsel als Hochschule geführt wurde. Glanzstücke des auch architektonisch interessanten Museums sind sechs Ikonen von Michail Damaskinos. Weitere Attraktionen auf dem Katharinenplatz sind die **Große** und die **Kleine Minaskirche.** Der Soldatenheilige Minas ist der Schutzherr Iraklions, die große Kirche seit 1895 orthodoxe Kathedrale der Stadt. Der Innenraum ist mit Wandbildern aus den 1980er-Jahren vollständig ausgemalt. Die Kleine Minaskirche stammt aus dem 15. Jh. Im Innern kann man eine prächtige Ikonostase mit Weinrankenmuster aus dem 18. Jh. und einige wertvolle Ikonen bewundern.

GRAB VON NIKOS KAZANTZAKIS J b3

Der 1883 in Iraklion geborene und im Jahr 1957 in Freiburg verstorbene Dichter und Diplomat Nikos Kazantzakis, Autor des berühmten Buches »Alexis Sorbas«, das mit Anthony Quinn in der Hauptrolle verfilmt wurde, fand seine letzte Ruhestätte unter einem einfachen Holzkreuz auf der Martinengo-Bastion. Auf dem Grabstein ist in der persönlichen Handschrift des Dichters die Essenz seiner Lebenserfahrung eingemeißelt: »Ich erhoffe nichts. Ich fürchte nichts. Ich bin frei.« › mehr S. 16 Punkt 25

CRETAQUARIUM K3

In den Becken des größten Meeresaquariums im östlichen Mittelmeer schwimmen rund 200 Fischarten vom Hai bis zum Seepferdchen. Es ist modern ausgestattet und es wird viel Hintergrundwissen vermittelt – spannend für Jung und Alt. Das Aquarium arbeitet mit dem Hellenischen Zentrum für Meeresforschung gleich nebenan zusammen (Gournes, 15 km östlich von Iraklion, Mai–Sept. tgl. 9.30–21, Okt.–April bis 17 Uhr, www.cretaquarium.gr).

INFO

Touristeninfo

- Platia Nikiforou (Nähe Morosini-Brunnen) Iraklion | Tel. 28 31 40 97 77 www.heraklion.gr | Mo–Fr 9–15 Uhr

VERKEHR

- **Flughafen:** Vom Nikos Kazantzakis International Airport, www.heraklionairport.net, verkehren Busse und Taxis nach Iraklion.
- Weiterreise mit dem **Taxi:** Am Taxistand vor dem Flughafengebäude sind die Entfernungen zu den wichtigsten Zielen und die Fahrpreise angeschlagen.
- Die **blauen Stadtbusse** fahren alle 5 bis 20 Min. ins Zentrum zur Platia Eleftherias und weiter zum Busbahnhof B an der Chanion Porta (von dort Anschluss nach Südkreta). **Linie 6** fährt weiter zu den Badehotels westlich der Stadt. Die Fahrscheine kauft man an speziellen Kiosken, die sich an den Haupthaltestellen, so auch am Flughafen, befinden.
- **Überlandbusse:** Es gibt zwei Busbahnhöfe, von denen aus die Überlandbusse starten, www.ktelherlas.gr. Südkreta, die

Deckenmalerei in der Großen Minaskirche (Agios Minas) in Iraklion

Messara-Ebene, Anogia, Rodia und Fodele werden vom Chania-Tor aus bedient. Die Busse Richtung Rethimnon / Chania (entweder über die Küstenstraße oder – 2 Std. länger – über die »Old Road«) starten am Fährhafen. Von Rethimnon oder Chania aus kann man dann weiterfahren. Vom Fährhafen geht es auch in den Inselosten, nach Agios Nikolaos, Ierapetra und Sitia.

Gepäckaufbewahrung in der Odos 25 Avgoustou oder am Flughafen.

- **Fähren:** Tgl. abends nach Piräus, www.minoan.gr; mind. einmal pro Woche, mehrmals in der Hauptsaison, auch nach Santorin und zu anderen Kykladeninseln, nach Rhodos, Karpathos und Kassos. Auskünfte erteilen die Reisebüros an der Odos 25 Avgoustou oder am Hafen, Tel. 28 10 33 80 00, www.portheraklion.gr.

HOTELS

GDM Megaron €€€

Stilvolles Luxushotel, ideal, um sich mal so richtig verwöhnen zu lassen.

- Dukos Beaufort 9 | Iraklion
  Tel. 28 10 30 53 00
  www.gdmmegaron.gr

Olive Green €€€

Sehr schickes Luxushotel im Zentrum mit reichhaltigem Frühstück und kretischer Küche.

- Meramvellou & Idomeneos | Iraklion
  Tel. 28 10 30 29 00
  www.olivegreenhotel.com

Arolithos €€

Auf einem Hügel über der Stadt wohnt man wie in einem kretischen Dorf mit Läden, Taverne und Werkstätten.

- Servili Tilissos | Iraklion
  Tel. 28 10 82 10 50 | www.arolithos.com

Pallatium €€

Familie Fakiolakis heißt Gäste in ihrem gepflegten Hotel mit Bar und Pool herzlich willkommen; in Flughafen- und Strandnähe.

- Kato Gouves (nahe Bus-Stop)
  Iraklion | Tel. 28 97 04 27 68

Karte S. 104

RESTAURANTS/CAFÉS

Herbs' Garden €€€

Stylisher Gourmettempel im Lato Boutique Hotel, im Sommer sitzt man auf dem Hoteldach mit Hafenblick.

- Odos Epimenidou 15 | Iraklion
  Tel. 28 10 33 49 59/71 | www.lato.gr/de

Kyriakos €€

Äußerst schmackhafte kretische Küche.

- Dimokratias 53 | Iraklion
  Tel. 28 10 22 24 64

Peskesi €€

Klein, aber fein, raffinierte kretische Küche, unbedingt reservieren.

- Theotokopoulos-Park | Iraklion
  Tel. 28 10 28 88 87
  www.peskesicrete.gr

Vourvouladiko €€

Köstliche griechische und kretische Gerichte, nur abends geöffnet, sehr beliebt, reservieren!

- Monis Kardiotissis 50 | Iraklion
  Tel. 28 10 33 53 23

Ippokampos €

Lassen Sie sich an der Promenade Fisch, Meeresfrüchte und Retsina schmecken.

- Sofokli Venizelou 3 | Iraklion
  Tel. 28 10 28 02 40

O Lakkos €

Geselliges Kafenion, in der Umgebung lohnt ein Bummel durch die Gassen.

- Taxiarchou Markopoulou 41 | Iraklion
  Tel. 281 033 43 38

Kirkor

Treffpunkt für süße Bougatsa am Löwenbrunnen.

- Pl. Venizelos 32 | Iraklion

SHOPPING

Aerakis

Griechische und kretische Musik von Klassikern bis zu den aktuellsten Neuerschei-

Im Restaurant Peskesi wird Wein von kretischen Winzern serviert

nungen, teils im eigenen Label Seistron Music erschienen. > mehr S. 18 Punkt 36
• Platia Korai | Iraklion

Crop
Diverse Sorten Kaffee aus verschiedenen Anbaugebieten, professionell geröstet und frisch gebrüht. Hübsch verpackter Kaffee und Zubehör zum Kaffeekochen daheim sind originelle Souvenirs.
• Aretousas 4 | Iraklion

Folli Follie
Schmuck, Uhren und Accessoires des international erfolgreichen griechischen Labels.
• Dedalou 23 | Iraklion
www.follifollie.com

Kanaki Jewels
Modeschmuck von kretischen Designern.
• 25th Avgoustou 84 | Iraklion

Road Editions
Die gut sortierte Buchhandlung führt jede Menge Karten, Stadtpläne und Reiseführer.
• Chandakos 29 | Iraklion
Tel. 28 10 34 46 10

NIGHTLIFE

Halavro
Die Adresse für Cocktails am Abend.
• Milatou 10 | Iraklio

Parco 240
Café, Bar und Speiselokal in einem, man sitzt unter Bäumen.
• Milatou & Ideon Androu | Iraklion

Café-Bar im Georgiadis-Park
Getränke und kleine Gerichte sowie Events mit Livemusik.
• Pl. Georgiadis | Iraklion

KNOSSOS 2 ★7 K4

Knossos war einst das Zentrum der minoischen Kultur. Der größte der minoischen Paläste liegt 5 km außerhalb von Iraklion inmitten von Weinfeldern auf dem Kefala-Hügel. Die Grabung und ihre Publikation sind eng mit dem Namen eines Mannes verbunden: Arthur Evans. 1894 war Evans erstmals nach Kreta gekommen, auf der Suche nach einem vorgriechischen Schriftsystem. Knossos begann ihn zu fesseln. Evans wollte der Schliemann Kretas werden: derjenige, der das bei Homer erwähnte Reich des Minos wieder ans Tageslicht bringen würde, genauso wie Schliemann der staunenden Öffentlichkeit die vorhomerische Kultur in Troja und Mykene vorgeführt hatte.

Aus reichem Hause stammend, konnte er das Grundstück, unter dem Knossos liegt, erwerben. 1900 begannen die Ausgrabungen. Innerhalb weniger Jahre und indem man (wie man heute weiß) Wichtiges einfach wegschaufelte, wurde das Palastareal freigelegt. Während sich andere mit der Sicherung der Ruinen begnügten, baute Evans aus Stahlbeton den Palast zu großen Teilen wieder auf, und zwar so, dass die errichteten Trakte bewusst unvollendet blieben. Deshalb brechen Gesimse plötzlich ab, eine Betonsäule ragt nur halb hervor, mit Kulthörnern und *Pithoi* (Krügen) wurde ein raffiniertes künstlerisches Arrangement getroffen. Dieser Ansatz Evans ist in der Fachwelt nicht unumstritten und lässt viele Fragen offen.

Karte S. 111

Buch-Tipp: »Im Palast von Knossos«, Nikos Kazantzakis, Verlag der Griechenland Zeitung, 2016.

WESTLICHER PALASTBEREICH

Die Bronzebüste des Ausgräbers auf dem **Westhof** a am Eingang ins Palastareal rechts am Wege wurde 1935 in seinem Beisein aufgestellt. Evans wurde 1911 wegen seiner Verdienste um die minoische Kultur geadelt; er starb 1941 im Alter von 90 Jahren. Auf dem gepflasterten Westhof fallen leicht erhobene Prozessionswege auf. Sie führen zu einer großen Schautreppe und weiter zum sogenannten Kleinen Palast (jenseits der Straße, für Besucher nicht zugänglich).

Vom **Westeingang** b mit Polythyron-(Vieltürenraum-)Anlage sind nur die (rekonstruierten) Fundamente erhalten. In Ruinenromantik erhebt sich das **Südpropylon** c, an der Wand das große Prozessionsfresko (Originalfragmente im Archäologischen Museum Iraklion). Mit den mykenischen Pithoi wollte Evans andeuten, dass hier in der Nachpalastzeit Mykener lebten. Eine Treppe führt hinauf zum rekonstruierten *Piano Nobile*, dem Obergeschoss. › mehr S. 17 Punkt 30

Vom Piano Nobile kann man in die über 20 **Magazine** d im Erdgeschoss schauen. In den von starken Mauern abgetrennten Räumen sind kastenartige Vertiefungen eingelassen. Hier stapelten sich die dem Reich dargebrachten Tribute: Tuche, Öle, Getreide.

An die Wände von **Lichtschacht und Lustralbad** e hängten die Archäologen Kopien berühmter minoischer Fresken. Von der **Terrasse** f aus hat man einen schönen Überblick über den Innenhof.

Den **Thronraum** g kann man nur durch ein Holzgitter betrachten. Der alabasterne Thronsessel stammt aus der Älteren Palastzeit; links und rechts stehen Bänke. Die den Thron flankierenden Greifenfresken (Originale im Archäologischen Museum Iraklion) stammen aus der mykenischen Periode von Knossos (nach 1450 v. Chr.). In den Vorraum haben die Engländer eine Kopie des Thrones gestellt. Eine weitere Kopie steht im Internationalen Gerichtshof in Den Haag, denn Minos war der Mythologie nach auch ein weiser und gerechter Richter.

ÖSTLICHER PALASTBEREICH

Der **Nordeingang** h zeigt die Rekonstruktion eines bunten Flachreliefs mit einem angreifenden Stier. **Magazine und Werkstätten** i, j liegen unmittelbar neben den **Wohnräumen** k.

Die Treppen des repräsentativen **Treppenhauses** l führen hinunter in die Wohnräume der Herrscher von Knossos. Da dieser Trakt gesperrt ist, müssen Besucher ihn umgehen. Von außen kann man in die **Halle der Doppeläxte** m, wohl ein offizieller Empfangsraum, und in das **Megaron der Königin** n hineinschauen. Die Fresken an den Wänden stellen minoische Damen, eine Tänzerin und Delfine dar.

Ebenso gesperrt ist die **Toilette der Königin** o samt Kanalisation. Bei dieser Entdeckung soll Evans ausgerufen haben: »Jetzt bin ich der einzige, der auf Kreta ein Klo mit Wasserspülung besitzt!« Der **Südzugang** p zum Innenhof zeigt eine Kopie des »Lilienprinzen«. Heute vermutet man, dass Fragmente von drei Figuren in die Rekonstruktion des »Priesterkönigs« eingingen.

AUSSERHALB DES PALASTES

An der **Schautreppe** q, dem »Theater« des Palastes, endet der **Prozessionsweg** r, der zum Kleinen Palast führt. Möglicherweise wurden hier hohe Gäste empfangen oder Kulthandlungen vorgenommen (tgl. 8–20 Uhr, Eintritt 8 €; Kombiticket

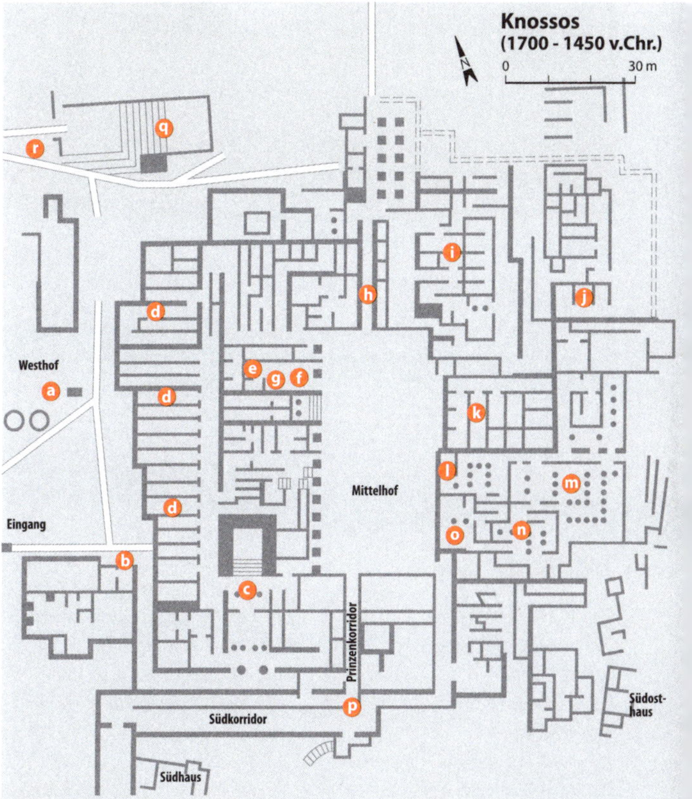

a Westhof
b Westeingang
c Südpropylon
d Magazine
e Lichtschacht und Lustralbad
f Terrasse
g Thronraum
h Nordeingang
i Magazine und Werkstätten
j Magazine und Werkstätten
k Wohnräume
l Treppenhaus
m Halle der Doppeläxte
n Megaron der Königin
o Toilette der Königin
p Südzugang
q Schautreppe
r Prozessionsweg

Flachrelief mit angreifendem Stier am Nordeingang im Palast von Knossos

Knossos und Archäologisches Museum Iraklion 16 €, odysseus.culture.gr; zeitgebundene Onlinetickets unter https://etickets.tap.gr).

VERKEHR

Busse: Stadtbusse der Linie 2 alle 10 Min. ab Iraklion/Hafen.

ARCHANES 3 K4

Das Weinbauerndorf Archanes steht auf den Ruinen eines minoischen Palastes, der an Größe und Ausstattung Knossos gleichkam. Drei wichtige minoische Stätten liegen nahebei: das gut erhaltene **Vathipetro,** 4 km außerhalb, ein Gutshof mit Oliven- und Weinpresse (Di–So 8–15 Uhr) – › mehr S. 16 Punkt 27. **Anemospilia,** ein Tempel, in dem zur Abwehr des Erdbebens von 1700 v. Chr. ein Mensch geopfert wurde sowie **Phourni,** eine vom 3. Jt. bis zur Mykenerzeit benutzte Nekropole (umzäunt, vormittags in der Regel geöffnet, www.minoancrete/phourni.htm).

Im geschäftigen Ort hat die Krise Spuren hinterlassen. Einige Läden und Werkstätten sind verrammelt. Dagegen pulsiert auf der Platia das Leben: Trinken Sie im Kafenion einen griechischen Kaffee oder kosten Sie Oliven und lokale Weine in der Taverne, bevor Sie dem **Archäologischen Museum** einen Besuch abstatten, dort ist u.a. das Menschenopfer von Anemospilia dokumentiert (Tel. 28 10 75 27 12, Mi bis Mo 8–14.30 Uhr).

Von Archanes sind es 15 km bis zum Dorf **Mirtia,** das einen echten Schatz bietet: Im **Museum Kazantzakis** erleben die Besucher eine Reise in die literarische Welt des kretischen Schriftstellers. Zu sehen sind u.a. Originalmanuskripte und

Zorbas-Bände in zig Sprachen, Briefe, Tagebücher, Fotografien und persönliche Dinge. DVDs und Bücher im Shop (www.kazantzaki.gr, So–Fr 9–15 Uhr). › mehr S. 16 Punkt 25

VERKEHR

Busse: Iraklion–Archanes jede volle Stunde ab Busbahnhof (Hafen).

RESTAURANT

Bakaliko €

Taverne mit Feinkostladen; Oliven, Salziges und Süßes.

- an der Platia | Archanes www.bakalikocrete.com

AMNISSOS 4 K3 UND NIROU CHANI 5 K3

Amnissos, 7 km östlich von Iraklion, war einst einer der Hafen von Knossos. Die Minoer zogen hier ihre Schiffe an den Strand. Heute wirken die Ruinen einer minoischen Villa ein wenig verloren. In dem sogenannten Haus des Hafenkommandanten fand man das schmucke Minzenfresko und das berühmte Lilienfresko, das jetzt eines der Glanzstücke in der Freskenabteilung des Archäologischen Museum in Iraklion ist.

Die Reste einer weiteren, besser erhaltenen minoischen Villa stehen weitere 7 km östlich bei **Nirou Chani,** direkt an der Landstraße. Hier staunten die Ausgräber einst über ein Großdepot minoischer Bronzeäxte, von denen einige heute im Archäologischen Museum in Iraklion ausgestellt sind.

RODIA (ROGDIA) 6 J3

Eines der beiden Kraftwerke Kretas steht 1 km außerhalb Iraklions am Strand, wird mit Dieselöl betrieben und von Quellwasser gekühlt, das als Brackwasser aus dem Kalkstein sprudelt.

Ein kurzer Abstecher (5 km) führt von hier aus in das Bergdorf Rodia, dessen Häuser sich an den Hang schmiegen. Im Dorf fallen Hausruinen, zum Teil mit gotischen Fenster- und Türrahmen, auf – einst prächtige Villen der venezianischen Oberschicht. Offenbar wussten die Venezianer schon den wunderschönen Blick zu schätzen, den man von Rodia aus auf die Insel Dia, die Bucht und Iraklion genießt.

KRETISCHER WEIN

Die Rebhänge links und rechts der Straßen deuten darauf hin: In der Gegend um Archanes liegen zahlreiche Weinkellereien.

- Einige können besichtigt werden, Weinprobe inklusive, beispielsweise **Boutari** in Skalani, Tel. 28 10 73 16 17, www.boutari.com und **Gavalas** in Vorias, Tel. 28 94 05 10 60, www.gavalascretewines.gr. › mehr S. 15 Punkt 22
- Organisierte Touren in **Peza, Chania** und **Heraklion:** Vintage Routes Crete, Tel. 28 10 33 35 83, www.vintageroutescrete.com.
- Informationen zu kretischen Weinen: www.winesofcrete.gr

RESTAURANTS

Am Ortseingang (von Iraklion kommend) gibt es einige Tavernen und Cafés mit Terrasse und herrlichem Panoramablick auf die Bucht.

FODELE 7 J3

Der Geburtsort des Malers Domenikos Theotokopoulos, besser bekannt unter dem Namen El Greco, liegt inmitten von Orangenplantagen an einem Flüsschen, das selbst im heißesten Sommer noch Wasser führt.

Ein kurzer, ausgeschilderter Spaziergang führt jenseits des kleinen Flusses zu einer Hausruine (neben der mittelbyzantinischen Panagia-Kreuzkuppelkirche) im heute verlassenen Ortsteil **Loubinies.** Hier soll der berühmte Maler des Manierismus (1545–1614) das Licht der Welt erblickt haben (Tel. 28 10 52 15 00, Di–So 9–19 Uhr).

Entlang der Hauptstraße bieten viele Geschäfte Webwaren an. Auf der Platia am Ortsende steht eine Büste des Künstlers, nahebei auch eine Gedenkinschrift der Universität Valladolid auf Spanisch.

KLOSTER SAVATHIANON

Das Nonnenkloster liegt 4 km oberhalb von Rodia. Man erreicht es über einen asphaltierten Serpentinenweg. Das einstige Männerkloster war nach dem Ende des Zweiten Weltkriegs verlassen, und die Gebäude waren zerstört. Nonnen aus ganz Griechenland stellten sich 1946 der Aufgabe, das Kloster wieder in Betrieb zu nehmen. Der Erfolg kann sich auch sehen lassen: Quellwasser sprudelt, Vögel zwitschern, man lustwandelt im Garten inmitten von unzähligen Pflanzen, von den Nonnen liebevoll gepflegt.

Man kann die Klosterkirche, den Garten, einen Kreuzweg und die Kapelle des hl. Antonius besuchen. Revanchieren kann man sich für die Besichtigung mit dem Kauf selbst gehäkelter oder kunstvoll bestickter Decken, die die Nonnen anbieten. Nichtkäufer bedanken sich mit einer kleinen Spende, die man unauffällig hinterlässt.

CHERSONISSOS 8 L4

Einst gemütlicher Fischerhafen – daher heißt der Ort eigentlich *Limenas* (Hafen) *Chersonissou* –, heute ist die Stadt im Sommer ein Mekka der Quad-Fahrer und Partylöwen. Souvenirshops, Autovermietungen, Bars und Discos reihen sich aneinander. Doch die ziemlich verbaute Touristenhochburg hat mit dem Heimatmuseum unter freiem Himmel ein kleines Juwel zu bieten: Die private **Sammlung Lychnostatis** (das Licht der Tradition weitertragen) östlich des Zentrums am Meer begrüßt Besucher mit einem kurzen Film über Kretas Kultur, Geschichte und Tradition. Danach beginnt der zweistündige Rundgang mit Audioguide, zu sehen sind ein kretisches Dorf mit Kapelle, Windmühle, Schulhaus, Läden, Werkstätten sowie Kräuter-, Blumen- und Obstgärten. Auch ein traditionelles Wohnhaus ist zu besichtigen. Es wird das Geheimnis des Bechers der Gerechtigkeit (Pythagoreischer Be-

Archäologen suchen bei Malia bis heute nach weiteren Spuren der minoischen Kultur

cher) gelüftet. Am Ende wartet unter der Pergola des Museumscafés ein *Tsikoudia*, ein Schnäpschen, oder ein *Mustalevria*, ein Dessert. Mittwochs ist übrigens Weinfest inkl. Traubenstampfen und Raki-Kostprobe (So–Fr 9–14 Uhr, Tel. 28 97 02 46 74, www.lychnostasis.gr).
› mehr S. 18 Punkt 38

An frühchristlicher Kunst Interessierte können am Hafen die Fußbodenmosaiken in den Resten zweier Basiliken besichtigen (das eine Mosaik etwas oberhalb auf dem Gelände des Hotels Nora, das andere, umzäunt, direkt am Hafen).

VERKEHR

Busse: Regelmäßige Verbindungen Richtung Iraklion, Agios Nikolaos und Lassithi.

HOTELS

Sunshine Studios & Apartments €€
Kleine Anlage mit Garten, Pool und Wohlfühl-Ambiente in Strandnähe.

- Agiou Ioanni 20 | Stalida
Tel. 28 97 03 22 63
www.sunshine-crete.gr

RESTAURANTS

Empfehlenswert am Ortsstrand: **Weinbar Coast Café**, www.coastcafe.gr, und **Taverne Argo** (€€) am Hotel Zorbas. Oder **Taverna 1930** oder **Sofas** (€) im alten Dorf Chersonissos, 2 km im Landesinneren.

MALIA 9 L4

Restaurants, Klubs und Souvenirläden säumen die Flaniermeile Dimokratias von Malia. Wer auf der Suche nach dem authentischen Malia ist, der findet auf der dem Landesinneren zugewandten Seite der Hauptstraße immerhin noch den alten Ortskern mit der Kirche, der Platia und schönen Dorfhäusern.

Vor dem breiten Sandstrand von Malia liegt auf einer Felseninsel die weiße Kapelle des Agios Nikolaos, des Heiligen der Seefahrer. Beliebt ist vor allem bei jüngeren Urlaubern die Promenade mit ihren Bars und Cafés. Nur wenige Kilometer außerhalb zieht der minoische Palast von Malia eher kulturinteressierte Urlauber an.

PALAST VON MALIA 10 ★ L4

Der drittgrößte minoische Palast liegt abseits der Hauptstraße zwischen Olivenhainen und der Nordküste. Französische Archäologen graben hier (mit Unterbrechungen während und kurz nach dem Zweiten Weltkrieg) bis heute. Zwischen Palast und Meer liegt ein Stück unbebauter, geschützter Küste. In den vergangenen Jahren wurde in dem Areal die Wohnstadt freigelegt. Keine andere Palastausgrabung weist eine vergleichbar gut erhaltene Wohnstatt auf (www.minoancrete.com/Malia, Di–So 8–18 Uhr).

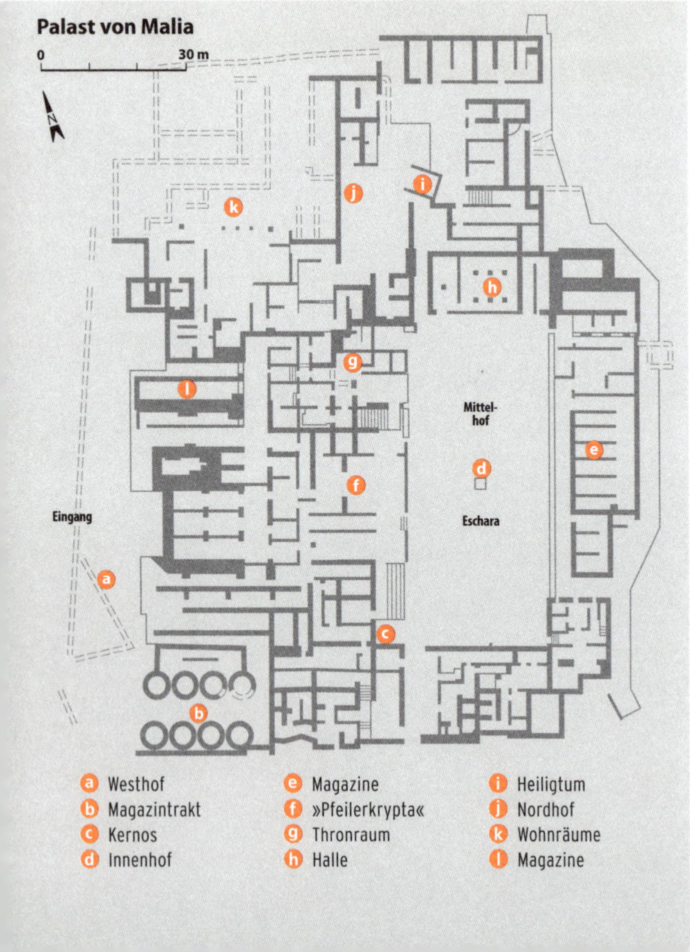

VOM WESTHOF ZUR PFEILERKRYPTA

Man betritt die Ausgrabungsstätte über den **Westhof** a mit den erhöhten Prozessionswegen. Etwas südlich liegt der **Magazintrakt** b mit vier runden Getreidesilos. In die 34 kleinen und zwei großen Mulden des **Kernos** c, eines Opfersteins, legten die Minoer vermutlich als Weihgeschenk an die Große Göttin Erstlingsgaben, Brot, verschiedene Samen, Wolle oder Olivenöl.

Der **Innenhof** d des Palastes weist einen Brandaltar *(Eschara)* in seiner Mitte auf. Auf den erhalten gebliebenen Ziegelsteinen lag einst ein Rost, auf dem Opfertiere verbrannt wurden. An der Ostseite stößt man erneut auf **Magazine** e mit *Pithoi* (Krügen). Die Fußböden lassen noch Abflussrinnen für ausgelaufene Flüssigkeiten erkennen. Auf der anderen Seite des Mittelhofes liegt die **Pfeilerkrypta** f.

VOM THRONRAUM ZU DEN MAGAZINEN

Unterhalb des sogenannten **Thronraums** g, dort wo der Herrscher sich zu festlichen Anlässen umkleidete, wurde eine Reihe wertvoller Funde gemacht, darunter ein Zepter mit Pantherkopf (jetzt im Archäologischen Museum in Iraklion).

Die **Halle** h mit starken Pfeilern hat vermutlich als Küche oder Festsaal gedient. Nördlich davon befand sich ein **Heiligtum** i, ein schräg gestelltes Gebäude aus mykenischer Zeit. An den **Nordhof** j schließen sich Magazine und Werkstätten an. Die Archäologen haben hier zudem **Wohnräume** k mit Garten sowie weitere **Magazine** l freigelegt. Nördlich des Palastes liegen Reste eines Gebäudekomplexes, den die Archäologen analog zum Marktplatz der griechischen Polis »Agora« tauften.

VERKEHR

Busse: Regelmäßig Iraklion–Agios Nikolaos. Die Busse halten an der Abzweigung zum Palast. Von dort geht man etwa 15 Min.

RESTAURANTS

Avli €€

Hier wird im Holzofen gekocht und gebraten, z. B. *Gigantes* (weiße Bohnen), Lamm und Mousaka.

- Ag. Ioannou Ecke 28 Oktovriu | Malia
  Tel. 28 97 03 11 12 | www.avli-malia.gr

AGIA VARVARA 11 J5

Der Ort liegt ziemlich genau auf der Wasserscheide zwischen Nord- und Südküste. Auf der rechten Seite der Durchgangsstraße befindet sich ein sehenswertes **Volkskundemuseum** mit traditionellen landwirtschaftlichen Geräten. Schließlich ist die Gegend für den Anbau von Kirschen bekannt.

Nördlich von Agia Varvara liegt westlich der Straße beim Dorf **Prinias** ein auffälliges Plateau. Darauf erstreckte sich die Polis Rizinia, deren Funde im dädalischen Stil der kretischen Archaik zu den wichtigsten Objekten des Archäologischen Museums in Iraklion gehören. Von den Tempeln aus archaischer Zeit sind nur spärliche Reste geblieben. Ein Spaziergang auf dem Areal wird mit einem weiten Ausblick belohnt.

Karte S. 96

ZAROS 12 ★ J5

Das Bergdorf Zaros liegt am Ausgang der **Rouvas-Schlucht.** Es ist berühmt für seine Quellen und deren Mineralwasser, das man in jedem griechischen Supermarkt findet. Auch die Griechen flüchten vor der Hitze des Sommers gern hierher in die kühleren Berge. Hier bietet sich eine Wanderung in die grüne Rouvas-Schlucht an, deren klares Gebirgswasser einen See und die Becken der Forellenzucht von Zaros speist. Der gut ausgebaute Pfad führt zu einem Picknickplatz unter Kermes-Eichen (insgesamt etwa 5 Std.). Nach rund 1 km trifft man auf das **Kloster Agios Nikolaos,** dessen Jahresablauf sich am Julianischen Kalender orientiert. Da es Kretas einziges derartiges Kloster ist, leben hier nach wie vor Mönche und Nonnen in zwei Trakten zusammen.

An byzantinischer Kunst Interessierte finden in der Umgebung von Zaros in zwei Kirchen Wandmalereien im italo-byzantinischen Stil des venezianischen Kreta. Vor dem **Kloster Vrondisi** steht ein venezianischer Brunnen mit Adam und Eva unter dem Paradiesbaum. Darunter spenden vier Wasserspeier, die die vier Paradiesflüsse symbolisieren, kühles Quellwasser. Die Türken haben Adam und Eva die Köpfe abgeschlagen, erzählt der einzige Mönch des Klosters. Er zeigt auch einen Raum, in dem Fotos an die Hilfe erinnern, die das Kloster den Widerstandskämpfern in der Türkenzeit und während der deutschen Besatzungszeit zuteil werden ließ.

Die Kirche des **Klosters Valsamonero** ist noch erhalten, das Kloster jedoch verlassen (Schlüssel beim Wärter im 4 km entfernten Vorizia). Die Kirche ist fast vollständig mit Fresken ausgemalt (14.–16. Jh.), die zu Kretas bedeutendsten byzantinischen Kunstwerken zählen, wie der selten abgebildete Akathistos-Hymnus (ein Marienhymnus, der *akathistos* – nicht sitzend –, gesungen wird) und Szenen aus dem Leben Johannes des Täufers. Die Klöster verbindet ein Fußweg durch eine Schlucht. Den Wandergenuss beeinträchtigt allerdings der Müll, der dort regelmäßig abgeladen wird.

HOTEL

Idi €€

Rustikales Berghotel mit funktionierender Getreide-Wassermühle. Forellenzucht im eigenen Teich. Gutes Restaurant.

- Tel. 28 94 03 13 02 | Zaros
  www.idi-hotel.gr

RESTAURANTS

Zaros besitzt Kretas einzige Süßwasser-Fischzucht. Die örtlichen **Fischtavernen** bieten Forellen und Lachse an, so z. B. das **Votomos** (€) an der Straße zum See oberhalb des Idi.

SHOPPING

Der **Instrumentenbauer** Antonios Stefanakis fertigt Lyren, Busukis und kretische Dudelsäcke an, www.stefanakis-antonis.gr.

MIRES 13 H5

Mires, die Hauptstadt der Messara-Ebene, ist eine typisch neu-kretische Kleinstadt. Ein Spekakel ist der samstags stattfindende Wochenmarkt auf der Hauptstraße, auf dem man fast alles bekommt, von landwirtschaftlichen Produkten bis zu preiswerter Kleidung.

PHAISTOS 14 8 H5

Von allen kretischen Palästen liegt Phaistos (Festos) wohl am stimmungsvollsten: auf einem Hügel mit Blick auf die Berge des Ida-Massivs und auf die Messara-Ebene. Die italienischen Archäologen, die hier seit Anfang des 20. Jhs. graben, verzichteten auf Beton und Farbe, sodass der Unterschied zwischen Älterer und Jüngerer Palastzeit deutlich wird. Allerdings ist dabei auch Fantasie gefragt (tgl. 8–20, im Winter 8.30–15 Uhr).

WESTLICHER PALASTBEREICH

Der **Westhof** a stammt ebenso wie die Fundamente, über denen die Besucher stehen, aus der Älteren Palastzeit. Nach der Naturkatastrophe um 1700 v. Chr. › S. 36 wurde der neue Palast 10 m nach Osten verschoben errichtet, man steht vor

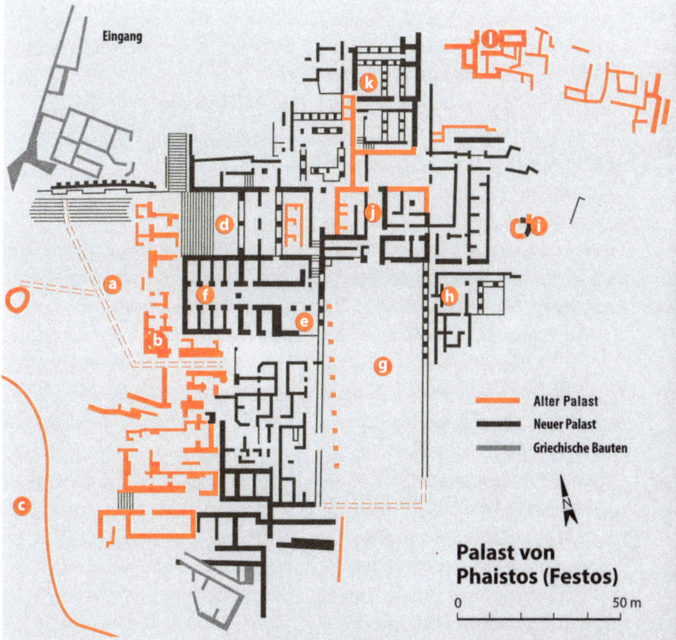

a Westhof
b Pithoi
c Hausmauern und Gassen
d Eingang
e Thronraum
f Magazinräume
g Innenhof
h Lustralbad
i Bronzeschmelzofen
j Haupteingang
k Königliche Gemächer
l Schatzkammern

TOP AUSGRABUNGSSTÄTTEN

- **Knossos:** Der Klassiker unter Kretas Ausgrabungen. > S. 109
- **Phaistos:** Der kretische Palast mit der schönsten Atmosphäre. > S. 119
- **Gortis:** Die Ruinen der römischen Hauptstadt Kretas. > S. 121
- **Gournia:** Grundrissartige Ausgrabungen mit Meerblick. > S. 136

seiner Außenmauer. Die **Pithoi** ⓑ (Krüge) stehen unter einer modernen Schutzdecke aus Beton und stammen aus der Älteren Palastzeit. Man erkennt **Hausmauern und Gassen** ⓒ der minoischen Stadt, die einst den Palast umgab. Ebenso wie in Knossos, Malia und Kato Zakros war die Stadt nicht durch eine Mauer vom Palast getrennt. Ein gepflasterter Weg, der erhöht durchs Häusergewirr führt, ist ein Überrest aus der geometrischen Periode.

Zum monumentalen **Eingang** ⓓ, den Propyläen, führt eine 14 m breite Treppe hinauf. Möglicherweise diente der Eingangsbereich auch als Ort kultischer Zeremonien. Die Anlage des **Thronraums** ⓔ mit benachbartem Lustralbad (Kultbad) und Magazin ähnelt der in Knossos, es wurde aber kein Thron gefunden.

Merkwürdige Zeichen finden sich an den Anten (vorspringenden Mauern) der Zwischenwände der **Magazinräume** ⓕ. Anhand des überdachten Magazins kann man sich gut vorstellen, wie es einst ausgehen haben mag. Einige Pithoi wurden wieder aufgestellt.

ÖSTLICHER PALASTBEREICH

An der Westseite des **Innenhofs** ⓖ, um den sich alle wichtigen Gebäude gruppieren, ist das Niveau des Innenhofs der Älteren Palastzeit in vertieften Karrees sichtbar.

Östlich davon befindet sich ein weiteres **Lustralbad** ⓗ. Ein **Bronzeschmelzofen** ⓘ weist Schlackespuren auf (umzäunt).

Durch den **Haupteingang** ⓙ zum Zentralhof gelangt man in die **Königlichen Gemächer** ⓚ, die luxuriös ausgestattet waren: Wandverkleidung mit Alabaster, Polythyra, Lichthof. In den Schatzkammern ⓛ fand man Linear-A-Täfelchen und den **Diskos von Phaistos** (im Archäologischen Museum Iraklion).

AGIA TRIADA 15 ★ H5

4 km von Phaistos entfernt liegt Agia Triada, ein weiterer **minoischer Palast.** Einige Archäologen deuten ihn als Villa des Herrschers von Phaistos. Er datiert aus der Jüngeren Palastzeit (1700–1450 v. Chr.). Die Mykener haben später auf die zerstörten Grundmauern ein *Megaron* (ein Herrenhaus in der Grundform des griechischen Tempels) gesetzt und neben dem Palastareal eine ganze Stadt mit Läden und Marktplatz errichtet (Di–So 10–16, im Winter 8.30–15 Uhr). Im 4 km entfernten Dorf **Vori** dokumentiert ein Volkskundemuseum das Bauernleben (www.cretanethnologymuseum.gr).

GORTIS 16 ★ J5

Empfehlenswert ist ein Streifzug durch die Ruinen der römischen Hauptstadt rechts und links der Straße und über den umzäunten Bereich hinaus. Man kann zur Akropolis hinaufgehen oder die römisch-kaiserzeitlichen Monumente suchen, die unter den Olivenbäumen der Ausgrabung harren. Pfade führen zu den Spuren eines Theaters und eines Stadions, zu Heiligtümern und zum riesigen, freigelegten Areal des römischen Prätoriums. Ein atmosphärisch sehr schöner Ort (in der Saison tgl. 8–20 Uhr).

VON DER TITUSKIRCHE ZUR AKROPOLIS

Von der **Tituskirche** a aus dem 6. oder 7. Jh. steht allein noch der Altarbereich. Die frühchristliche Basilika hatte drei Längsschiffe und eine Kuppel. Sie barg das Grab des hl. Titus, den der Apostel Paulus auf Kreta zurückließ, damit er die Bevölkerung missionierte. Nach dem Ende der arabischen Herrschaft 961 wurde Gortis nicht wieder besiedelt, Kretas neue Hauptstadt war Iraklion. Dort wurde auch die neue Tituskirche erbaut.

Das **Recht von Gortis** im **Odeon** b ist der erste schriftlich niedergelegte europäische Rechtskodex. In die hintere Stützwand des römischen Odeons wurden die Blöcke der Inschrift aus dem 5. Jh. v. Chr. als *Spolien* (wieder verwendete Architekturteile) eingebaut. Sie war wohl ursprünglich zur allgemeinen Information auf der Agora von Gortis ausgestellt. In mehr als 600 Zeilen, die in Großbuchstaben alternierend von links nach rechts und von rechts nach links geschrieben sind (in *ordo boustrophedon*, »wie ein Ochsenpflug, der hin- und herzieht«), sind Gesetze des Privat- und Strafrechts veröffentlicht. Je nach gesellschaftlichem Stand gab es für die gleiche Tat unterschiedliche Strafen. So wurde Ehebruch unter Sklaven mit 60 Obolen geahndet, unter Freien aber mit 600 bis

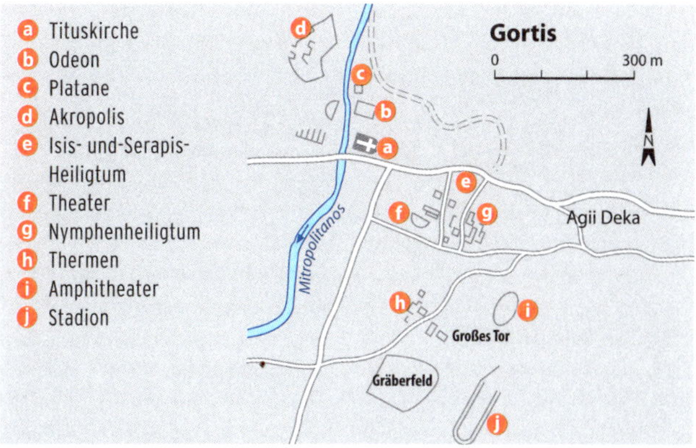

Höhlen am Strand von Matala

1200 Obolen. Ein Handwerker verdiente damals etwa drei bis sechs Obolen pro Tag.

Das seltene Exemplar einer immergrünen **Platane** c gilt in der Mythologie als Ort der Vereinigung des Zeus in Stiergestalt mit der Prinzessin Europa. Daraus gingen Minos und seine Brüder Rhadamanthys und Sarpedon hervor.

Von der **Akropolis** d aus, auf der die Reste eines griechischen **Theaters** stehen, bietet sich ein imposanter Panoramablick.

THEATER UND THERMEN

Das **Isis-und-Serapis-Heiligtum** e zeigt, dass die Römer die Religionen der besiegten Völker, hier der Ägypter, einfach übernahmen. Weitere Überbleibsel römischer Repräsentationsarchitektur liegen verstreut im Gelände: ein **Theater** f, ein **Nymphenheiligtum** g mit Sitz des Statthalters, **Thermen** h, ein **Amphitheater** i und ein **Stadion** j.

MATALA 17 H5

Einer der bekanntesten Badeorte der Messara-Ebene ist Matala. Hier kann man einen Blick in die Wohn- und Grabhöhlen werfen, von denen die Felswand neben dem Strand regelrecht durchlöchert ist. Magisch angezogen, nutzten die Blumenkinder diese vor rund 50 Jahren auch für längere Aufenthalte.

Inzwischen stehen die Höhlen unter Denkmalschutz.

HOTELS

Calypso €€

Angenehm und freundlich mit 15 ordentlichen Zimmern und Pool.

- Tel. 28 92 04 57 92 | Matala
  www.calypso-matala.com

Dimitris Resort €€

20 Zimmer, zwei Pools und ein Restaurant, 200 m vom Strand entfernt.

- Tel. 28 92 04 50 02 | Matala
  www.matala.gr

Eva-Marina €

Helle Zimmer mit Balkon, 50 m vom Strand entfernt.

- Tel. 28 92 04 51 25 | Matala
  www.evamarina.com

RESTAURANTS

Scala €

Spezialität ist frischer Fisch, gekocht oder vom Grill. Toller Blick auf den Strand.

- Im Süden der Bucht | Matala

Sirtaki €

Taverne mit traditionellen Gerichten.

- Oberhalb vom Strand | Matala

KALAMAKI 18 H5

Obwohl der kleine Strandort Kalamaki in den letzten Jahren einen Boom erlebt hat, geht es noch relativ ruhig zu. Hier wohnt man hauptsächlich in Apartments. Am breiten, weitläufigen Strand reihen sich mehrere Tavernen und Cafés an einer hübschen Promenade aneinander. Wer nicht unbedingt am Strand wohnen will, der weicht ins Hinterland in das Dorf **Pitsidia** aus. Von dort sind es etwa 3 km zum Kommos-Strand.

LENTAS/DYTIKOS 19 J6

Das abgelegene Lentas an der Südküste hat viel von seinem ursprünglichen Charme bewahrt.

Seit über 20 Jahren treffen sich an der kilometerlangen Sandbucht im benachbarten Dytikos, einen halbstündigen Fußmarsch vom kleinen Fischerdorf Lentas entfernt, die Rucksackreisenden (heute auch Individualtouristen). In beiden Orten gibt einige Zimmer und Studios zu mieten sowie knapp ein Dutzend Tavernen.

KRETISCHES WOODSTOCK

Seit den späten 1960er-Jahren ist Matala Traumziel von Backpackern und Hippies aus aller Welt. Angezogen von malerischen Sandbuchten übernachtete man unterm Sternenhimmel oder in den Felsenhöhlen.

Matala ist ein magischer Ort geblieben. Das »Matala Beach Festival« lässt alljährlich im Juni die Woodstock-Atmosphäre wieder aufleben. Bis zur (Morgen-)Dämmerung sorgen griechische und internationale Rockbands und Liedermacher für eine einzigartige Stimmung unter Tausenden Jugendlichen und jung Gebliebenen, www.matalabeachfestival.org.

REGIONAL-BEZIRK LASSITHI

Schäfer auf der Lassithi-Hochebene

Karte S. 126

Der Osten Kretas wartet auf mit mediterranem Flair in Agios Nikolaos, Meisterleistungen byzantinischer Kunst in dem Panagia-Kera-Kirche bei Kritsa, minoischen Ruinen in Gournia und Kato Zakros und dem Palmenstrand von Vaï.

Lassithi ist eine sehr gebirgige Region und besitzt in weiten Teilen die kargste und raueste Landschaft Kretas. Nur die fruchtbare Hochebene, die dem Regionalbezirk seinen Namen gab, macht eine Ausnahme. Aber gerade aus der Kargheit der Berglandschaft und deren Gegensatz zu den traumhaften Buchten, den zahlreichen Stränden und dem türkisfarbenen Meer bezieht der Bezirk seinen besonderen Reiz.

Die Region ist touristisch nicht überlaufen, nur am **Palmenstrand von Vaï** wird es in der Hochsaison voll. Die wichtigsten Städte sind **Agios Nikolaos** und **Sitia** an der Nordküste sowie **Ierapetra** an der Südküste. Sitia ist bekannt für hochwertiges Olivenöl und Wein, Ierapetra wird geprägt von Gemüseanbau und Gewächshäusern. Agios Nikolaos mit dem charakteristischen kleinen See am Hafen ist Verwaltungszentrum des Regionalbezirks.

Das nahegelegene **Elounda** mit einigen Luxushotels gilt als exklusivster Ferienort Kretas, die liebliche Küste des **Golfs von Mirabello** nennt sich die Riviera Kretas.

Andererseits ist an der Südküste auf der Ierapetra vorgelagerten **Insel Chrissi** mit dem einzigen natürlichen Zedernwald Europas bereits ein Hauch von Afrika zu spüren.

Ganz im Osten Kretas findet sich mit dem minoischen Palast von **Kato Zakros** eine der bedeutendsten Ausgrabungsstätten Kretas. Dort gibt es noch eine Menge ursprüngliche Orte in der spektakulären Berglandschaft und an der Küste fast unberührte Buchten. Die teilweise sehr unzugänglichen, von Schluchten durchzogenen Berge steigen steil in das Landesinnere bis auf eine Höhe von rund 2000 m an und fallen schroff zum Meer hin ab.

Nur direkt an der Küste gibt es einen mehr oder weniger breiten Streifen flachen Landes. Die ausgedehnteren Strände liegen an der Südküste zwischen Ierapetra und Makrigialos, gut baden kann man aber auch an der Nordküste bei Agios Nikolaos, Elounda und Istro.

Vielerorts gibt es auch noch die typischen Kafenia und Restaurants, in denen die obligatorischen *Mezedes*, verschiedene Vorspeisen auf kleinen Tellern, serviert werden. Dazu wird Raki, der Tresterschnaps der Kreter (30–40 % Alkohol), gereicht – nicht zu verwechseln mit dem türkischen Anisschnaps.

Eine durchgehende, gut zu befahrene Straße zwischen der Nord- und der Südküste besteht nur an zwei Stellen der Region Lassithi. In die Berge führen schmale Straßen, auf denen man nur langsam und mit Vorsicht vorankommt.

TOUREN IN DER REGION

TOUR 11

LASSITHI, KRETAS KORNKAMMER

ROUTE: Agios Nikolaos > Neapoli > Lassithi-Hochebene > Agios Georgios > Zeushöhle > Panagia Kera > Krassi > Malia > Agios Nikolaos

KARTE: Seite 126

DAUER: Tagestour; ca. 150 km

PRAKTISCHE HINWEISE:

- Klassische Tour mit dem Pkw.
- Von Iraklion kommend, zweigt man kurz vor Malia nach Süden ab > S. 98 Tour 10

TOUR-START:

Mit ihren stoffbespannten Windmühlen und ruhigen Dörfern ist die

800 m hoch gelegene, fruchtbare Lassithi-Ebene ein besonderes Landschaftserlebnis. Das gilt vor allem im Frühjahr, wenn die umliegenden Berge des Dikti-Gebirges noch schneebedeckt sind.

Aus **Agios Nikolaos** 1 > S. 129 kommend, zweigt eine kurvenreiche Straße bei Neapoli zur **Lassithi-Hochebene** > S. 134 ab. Auf dem Plateau führt eine Straße ganz um die Hochebene herum (ca. 20 km). **Agios Georgios** 7 > S. 135 liegt wie alle Lassithi-Dörfer am Rand des Plateaus. Einen kurzen Fußmarsch oder einen 20-minütigen Maultierritt vom Parkplatz bei **Psichro** entfernt liegt die **Zeushöhle** 8 > S. 136.

5 km später zweigt die Straße Richtung Iraklion ab. Kurz darauf empfiehlt sich ein Halt am **Kloster Panagia Kera,** in dem eine Marienikone verehrt wird. Seine spätbyzantinischen Fresken (14. Jh.) ähneln denen der Panagia in Kritsa. Einige Kilometer weiter sitzt man neben der großen knorrigen Platane von Krassi angenehm im Kafenion. Über Mochos und **Malia** > S. 115 geht es zurück. Wer mag, nimmt bei **Sissi** 6 > S. 134 noch ein erfrischendes Bad im Meer.

TOUREN IM REGIONALBEZIRK LASSITHI

TOUR 11

LASSITHI, KRETAS KORNKAMMER

Agios Nikolaos > Neapoli > Lassithi-Hochebene > Agios Georgios > Zeushöhle > Panagia Kera > Krassi > Malia > Agios Nikolaos

TOUR 12

DURCH KRETAS OSTEN

Agios Nikolaos > Mochlos > Sitia > Palekastro > Vaï > Kato Zakros > Xerokampos > Ziros > Lithines > Makrigialos > Ferma > Ierapetra > (Ausflug nach Chrissi) > Agios Nikolaos

TOUR 12

DURCH KRETAS OSTEN

ROUTE: Agios Nikolaos > Mochlos > Sitia > Palekastro > Vaï > Kato Zakros > Xerokampos > Ziros > Lithines > Makrigialos > Ferma > Ierapetra > Agios Nikolaos

KARTE: Seite 126
DAUER: 1–2 Tage; ca. 250 km
PRAKTISCHE HINWEISE:

- Die reine Fahrzeit beträgt ohne Abstecher nach Xerokampos etwa 4,5 Std. Lässt man sich mit dem Auto einen Tag mehr Zeit, dann bieten sich ein Quartier in Xerokampos oder Palekastro an.
- Die Tour kann mit dem Auto von jedem genannten Ort aus gestartet werden. Dann sollte man aber den Schlenker nach Westen, nach Agios Nikolaos, auslassen und den Rest der Strecke als Rundtour fahren.
- Wer die Tour mit dem Bus unternimmt, sollte 2–3 Tage einkalkulieren (Zwischenübernachtung in Sitia, Palekastro, Zakros oder Kato Zakros). Achtung: Die Busse fahren nur in der Hochsaison bis hinunter nach Kato Zakros, sonst endet die Fahrt im oberen Zakros.

TOUR-START:

Kretas ursprünglicher Osten fasziniert mit einer vielfältigen und urwüchsigen Landschaft. Diese abwechslungsreiche Tour vereint dabei Kultur- und Naturerlebnisse in kompakter Form. Dabei bleibt auch ein wenig Zeit für ein gemütliches Essen in einer urigen Taverne und einen Sprung ins Meer.

Die abschnittsweise neu ausgebaute, kurvenreiche Schnellstraße, die von **Agios Nikolaos** 1 > S. 129

Südsee-Feeling am Palmenstrand von Vaï

um den Golf von Mirabello herum nach **Sitia** 12 › S. 138 führt, bietet die großartigsten Panoramen Kretas. Weit unterhalb der Straße glitzert das blaue Meer, in der Ferne leuchten die weißen Häuser von Agios Nikolaos. Die der Küste vorgelagerten Inselchen Mochlos und Psira waren einst minoische Siedlungsplätze, der gleichnamige kleine Küstenort **Mochlos** 11 › S. 137 ist heute eine der besten Adressen auf Kreta, um Fisch zu essen.

Östlich von Sitia ändert sich das Bild. Die Vegetation wird karger, das Land kahler – eine dünn besiedelte Mondlandschaft mit sanft geschwungenen Hügeln. Wie Oasen in der Wüste wirken der Palmenstrand von **Vaï** 14 › S. 139 und das Gebiet um den Palast von **Kato Zakros** 17 › S. 140 am Ausgang des Tals der Toten. Bezaubernde Strände und kristallklares Wasser bietet **Xerokampos** 18 › S. 141, ein von hohen Bergen umgebenes Streudorf am Meer. Über Ziros und Lithines erreicht man die Südküste. Bei **Makrigialos** 22 › S. 143 oder Ferma laden ebenfalls schöne Strände zu einem Badestopp ein. **Ierapetra** 19 › S. 141 verführt zu einem Bummel durch die Altstadt und, falls man einen zusätzlichen Tag Zeit hat, zu einem Ausflug zur **Insel Chrissi** 20 › S. 142. Die weißen Sandstrände und das klare, türkisblaue Wasser lassen karibische Gefühle aufkommen.

UNTERWEGS IN DER REGION

AGIOS NIKOLAOS 1 M4

Die erst 1869 gegründete Hafenstadt (9500 Einw.) mit mediterranem Ambiente ist heute eine Topattraktion. Die Landschaft und die Lage sind einmalig: eine Halbinsel, umflossen von blauem, klarem Wasser, ein ehemaliger Süßwassersee mit Durchstich zum Hafen, eine lange Strandpromenade mit Bademöglichkeiten an den Klippen, die vorgelagerte Agios Pantes und schließlich die Bucht von San Nicolo, in der einst die Schiffe der Venezianer ankerten. Heute residieren am Ufer zwei Luxushotels, das Minos Beach und das Minos Palace. Agios Nikolaos ist zudem Hauptstadt des Regionalbezirks Lassithi. Von hier aus lassen sich Ostkretas Höhepunkte gut und schnell erreichen. Auch im Winter lockt das milde Klima viele Besucher an.

Ursprünglich war der Ort ein Hafen für die nahe dorische Bergstadt Lato und hieß *Pros Kamares* (Zu den Bögen). Der Name Agios Nikolaos geht auf die Nikolauskirche zurück. Während der venezianischen Besatzung wurde die Festung Mirabello auf der Halbinsel errichtet. Ihre Reste sind jedoch heute von Hotels überbaut.

Besonders bei Seglern ist die Stadt beliebt. In den beschaulichen Gassen wie der Akti Koundourou mit schicken Modeläden griechischer Labels, Konditoreien *(Zacharoplatio)* und Souvenirshops lässt es sich gut bummeln und shoppen. Sehen und gesehen werden heißt es in den Tavernen und Cafés rund um den See. Viele Lokale werben mit authentischer kretischer Küche.

Wer mit dem Auto unterwegs ist, stellt es am besten am Hafen ab (Port, Marina, 3 € pro Tag).

STADTRUNDGANG

Rund um den **Voulismeni-See** 9 A – ein von einer unterirdischen Quelle gespeister Binnensee in Küstennähe – und am Hafenbecken spielt sich das Nachtleben der Stadt ab. › mehr S. 15 Punkt 24 Der einstige Süßwassersee wurde zwischen 1867 und 1871 durch einen Kanal mit dem Meer verbunden. Ein ähnliches geologisches Phänomen ist der See bei Kournas › S. 68 in Westkreta.

Die **Halbinsel** B ist der Standort der Festung Mirabello, die 1204 von den Venezianern erbaut wurde und die auf zahlreichen Stichen abgebildet ist. Auch wenn Agios Nikolaos von Wasser umringt ist, gibt es kaum gute stadtnahe Bademöglichkeiten. Der schmale **Strand** C zwischen Marina und Hafen bietet wenig Platz für die vielen Touristen im Hochsommer. Richtung Elounda (Ammoudi) und Ierapetra (Mirabello-Bucht, Ammoudara, Istro) gibt es aber größere und viel schönere (Sand-)Strände, zu denen auch Stadtbusse und Boote fahren.

A Voulismeni-See
B Halbinsel
C Strände
D Archäologisches Museum

INFO

Tourist Information Office

Die Gemeinde verleiht Räder und hält die Broschüre »Outdoor Aktivitäten« bereit.

- S. Koundourou 21a (Brücke zum See) Agios Nikolaos | Tel. 28 41 02 23 57 www.agiosnikolaoscrete.com www.daean.gr

VERKEHR

- **Busse:** Stündlich Verbindungen nach Iraklion, Kritsa, Sitia und Ierapetra.
- **Fähren:** Zwei- bis dreimal wöchentlich über Iraklion nach Milos/Piräus. Tagesfahrten nach Santorin (von Iraklion).

HOTELS

Victoria €€

16 Zimmer, eingerichtet im kretischen Stil, mit Balkon. Direkt am Wasser, ca. zehn Min. zu Fuß vom Zentrum entfernt.

- Akti Koundourou 34 | Ag. Nikolaos Tel. 28 41 02 27 31 | www.victoria-hotel.gr

Angelos €

Funktional und sauber, mit Blick auf die Bucht. Etwa 100 m vom Zentrum entfernt.

- Akti Koundourou Iossif 16
  Agios Nikolaos | Tel. 28 41 02 35 01

Kastro €

Schmales, rustikales Hotel am Eingang zum Hafen – von den oberen Stockwerken beste Aussicht auf Stadt und Meer.

- Lasthenous 23 | Agios Nikolaos
  Tel. 28 41 02 49 18

RESTAURANTS

Pelagos €€€

Geschmackvoll eingerichtetes Fisch-Gourmetrestaurant in einer klassizistischen Villa mit wunderschöner Terrasse.

- Odos Stratigou Koraka 10
  Agios Nikolaos | Tel. 28 41 02 57 37

Ble Katsarolakia €€

Auf der modernen Dachterrasse oder im Hofgarten werden kretische Gerichte in angenehmer Atmosphäre serviert.

- Akti Koundourou Iossif 8
  Agios Nikolaos | Tel. 28 41 02 19 55
  www.blekatsarolakia.gr

Creta Embassy €€

Wunderschönes Gartenrestaurant in einer Villa aus dem 19. Jh., spezialisiert auf Fisch und Meeresfrüchte.

- Ioannou Kondilaki 5 | Agios Nikolaos
  Tel. 28 41 08 31 53
  www. cretaembassy.com

Ranaisi €

Kretische Küche, u. a. Schnecken und Meeresfrüchte, oder Dakos mit Myzithra (Frischkäse).

- K. Palaiologou | Agios Nikolaos
  Tel. 28 41 02 67 99

SHOPPING

Kosmimata

Coole Shirts und Jacken made in Greece, dazu modische Accessoires von griechischen Designern.

- P. Koundourou 10 | Agios Nikolaos

NIGHTLIFE

Alexandros

Dachgartenbar mit guter Aussicht.

- Odos Kondilaki 1 | Agios Nikolaos

Chez Georges

Cocktails über den Dächern der Stadt.

- Vitsentzou Kornarou 2 | Ag. Nikolaos
  www.chezgeorges.gr

Cindy's Harbour Bar

Die angesagte Bar befindet sich schräg gegenüber dem Pelagos.

- Stratigou Koraka 10 | Agios Nikolaos

AKTIVITÄTEN

Fahrräder kann man ausleihen bei **Rent a Bicycle Mirabello,** Tel. 00 30 69 80 55 55 45 oder bei **Bicycle Rental Crete**, Eleutheriou Plataki 5, Tel. 00 30 28410 89 0 89/ 0030 697 7185 834, bicyclerentalcrete.gr.

Pelagos Dive Center

Tauchen, Bootstouren, Segeln, Ausflüge.

- im Minos Beach Hotel
  Tel. 28 41 02 43 76 | www.divecrete.com

BUCH-TIPP:

»Wind auf Kreta« ist ein wunderbarer Roman von David MacNeil Doren über die Gastfreundschaft, die Faszination der Insel und die Liebe. Agios Nikolaos und die Mirabello-Bucht sind u. a. die Schauplätze (nur antiquarisch und in Buchläden auf Kreta erhältlich).

Ein Höhepunkt byzantinischer Kunst: die Kirche Panagia Kera bei Kritsa

KRITSA 2 ★ M4

Busladungen von Touristen kommen im Sommer täglich in dieses Dorf 8 km landeinwärts von Agios Nikolaos, das sich mit seinen weißen Häusern unterhalb eines steilen Felshanges ausbreitet. Der Dorfplatz ist nach Melina Mercouri benannt, die hier in den 1950er-Jahren »Der Mann, der sterben muss« drehte. Traditionell stellen die Frauen Kritsas Häkel- und Webarbeiten her, die sie zum Verkauf anbieten.
› mehr S. 18 Punkt 37

Die dreischiffige byzantinische Kirche **Panagia Kera** unterhalb von Kritsa ist komplett mit fantastisch erhaltenen Fresken (13./14. Jh.) ausgemalt. Zu dieser Zeit herrschten die Venezianer über Kreta, und so finden sich einige Italizismen im Bilderschmuck, z. B. der katholische Heilige Franz von Assisi am nördlichen Mittelpfeiler des Hauptschiffs. An den Stilunterschieden in den Malereien kann man sehen, dass verschiedene Maler am Werk waren: Im Mittelschiff herrscht die traditionelle, lineare, hieratische Malweise, im Südschiff erscheinen die Figuren bewegter, plastischer und lebensnaher. Abgebildet sind im Mittelschiff v. a. der Passionszyklus, herausragend hier der Bethlehemitische Kindermord, im Südschiff das Leben der Anna und ihrer Tochter Maria, im Nordschiff das Jüngste Gericht (Di–So 8.30–15 Uhr).

Reizvoll ist die folgende Wanderung: Von Kritsa geht es hinauf mit dem Taxi, dann zu Fuß auf einem Maultierpfad auf der anderen Seite bergab bis Chamilo (2,5–3 Std.).

Von dort fährt ein Bus nach Agios Nikolaos. Zeiten am Busbahnhof in Agios Nikolaos erfragen.

LATO 3 M4

Zunächst beeindruckt die Lage auf einem Bergsattel inmitten urwüchsiger Landschaft, die Agora zwischen zwei Akropolen. Unter einer Stein-Eiche sitzt es sich gut auf einer antiken Steinbank *(Exedra)*. Gegenüber führt eine Schautreppe zu den Verwaltungsgebäuden, rechts und links davon steht je ein Wachturm. Das Geschäfts- und Ladenviertel befand sich links unterhalb der Agora. In den Erdgeschossen der Häuser sieht man Mörser, Handmühlen und Zisternen (Di–So 8.30 bis 15 Uhr).

ELOUNDA 4 N4

Der Badeort mit den meisten Luxushotels Kretas liegt malerisch an einer Bucht, die von der Insel Spinalonga zum Meer abgegrenzt wird. Neben den 5-Sterne-Palästen gibt es auch günstige Unterkünfte, und am Hafen sitzt man sehr angenehm.

HOTELS

Elounda Oasis €

Einfache, saubere Studios und Zimmer direkt im Ort.

- Dimokratias 17 | Elounda
  Tel. 28 41 04 10 76
  www.eloundaoasis.com

Kalypso €

Einfaches Hotel mit 16 Zimmern direkt am Hafen, Elo Cafe Bar im EG.

- Platia | Elounda
  Tel. 28 41 04 13 67
  www.kalypsoelounda.gr

RESTAURANTS

Gute Fischrestaurants findet man rund um den Hafen. Auf einer schwimmenden Plattform an der Meerespromenade serviert das **Kalidon** (€€) gemischte Fleisch- und Fischplatten.

SPINALONGA 5 N4

Von Elounda, Plaka und Agios Nikolaos setzen mehrfach am Tag Ausflugsboote über auf die kleine Festungsinsel Spinalonga, die vor allem als eine der letzten Leprakolonien Europas bekannt ist. Der Rundgang führt durch venezianisches Gemäuer, vorbei an verfallenen Windmühlen und verlassenen Häusern. Die Festung an der Zufahrt zur Bucht von Elounda errichteten die Venezianer im 16. Jh. auf antiken Fundamenten. Anfang des 17. Jh. wurde die Insel osmanisch besetzt.

Die griechische Regierung richtete 1903 ein Lepragetto ein. Bis 1957 lebten die Kranken in einer dorfähnlichen Gemeinschaft. Für die Angehörigen, die ihre Kranken besuchten, gab es einen Desinfektionsraum. Die Verstorbenen von Spinalonga wurden auf einem Friedhof in Betonsarkophagen bestattet. Sehenswert ist auf dem Rundgang der Mosaikboden einer ehemaligen Basilika. An der südlichen Felsküste sind etwa 1 m unter der Wasseroberfläche die Überreste von Hausmauern und eines antiken Hafens, wahrscheinlich der einstigen Polis

Olous, zu erkennen. Die Klippen laden zum Baden und Sonnen ein. Die Atmosphäre auf der Insel ist ruhig und fast ein wenig bizarr. Sie inspirierte die britische Schriftstellerin Victoria Hislop zu dem Roman »Insel der Vergessenen«, in dem die Geschichte der Leprakolonie geschildert wird (Diana Verlag, 2007, nur noch antiquarisch erhältlich).

Spinalonga soll einen Platz auf der Liste des Weltkulturerbes der UNESCO bekommen. Die Festungsinsel, heißt es in der Bewerbung, sei nicht nur ein Beispiel der Festungsarchitektur. Sie habe auch Bedeutung als Ort historischer Erinnerung und besonderer Symbolik, wo Menschen weggesperrt und isoliert wurden.

VERKEHR

Ausflugsboote nach Spinalonga: Im Hochsommer tgl. ab Agios Nikolaos, Plaka und Elounda; Eintritt 8 €, die Überfahrt kostet 8–10 €.

CHRISSOLAKKOS

Von Sissi kann man entlang der Küste bis zu den Ruinen der »Goldgrube« **Chrissolakkos,** des antiken Friedhofs von Malia, wandern. Dort wurden die berühmten goldenen »Bienen von Malia«, eine Grabbeigabe, gefunden. Sie zeigt zwei Bienen, die Honig in eine Wabe bringen. Kopien davon kann man bei Juwelieren kaufen. Das nahe Sumpfgebiet ist Brutplatz vieler Vögel.

SISSI 6 M4

In dem kleinen Fischerort ganz im Westen der Präfektur Lassithi, rund 10 km östlich von Malia › S. 115, geht es ruhiger zu als in dem trubeligen Nachbarort. Und das, obwohl sich in Ortsnähe das Resort Kalimera Kriti angesiedelt hat, deren Zimmer und Apartments sich auf drei dorfähnliche Komplexe verteilen. Doch rund um die fjordähnliche, pittoreske Bucht von Sissi ist davon nicht so viel zu spüren. Im Ort selbst dominieren überschaubare Hotel- und Apartmentanlagen. Von den Restaurants und Bars oben auf der Kante der Steilwand genießt man neben der mediterranen Stimmung den großartigen Ausblick. Am kleinen Hafen in der von Felsen gerahmten Taverne sitzt es sich sehr angenehm.

Grün und sehenswert ist die nähere Umgebung mit dem traditionellen Dorf **Epanos Sissi.**

HOTEL

Sissi Bay €€€
Elegantes, familienfreundliches Hotel mit Pool, klimatisierte Zimmer. Sportangebot.
• Tel. 28 41 07 12 98 | Sissi | www.sissibay.gr

RESTAURANT

Apostolos €
Fischtaverne am Hafen, direkt am Meer.

LASSITHI-HOCHEBENE 10

Die Hochebene von Lassithi ist bekannt für ihre weiß bespannten Windräder, die im Hochsommer

Die Windräder in der Lassithi-Hochebene dienen der Feldbewässerung

Grundwasser für die Bewässerung nach oben pumpen. Allerdings werden immer mehr Windräder durch Motorpumpen ersetzt. Angebaut werden vorwiegend Kartoffeln, Gemüse und Kernobst.

Wer im Sommer die Hitze der Ebenen nicht gut erträgt, wird sich in der klaren Bergluft wohlfühlen. Zur Hochebene gibt es je eine Zufahrt von Iraklion und eine von Agios Nikolaos aus. Beide winden sich über zahlreiche Kurven hinauf. Ab Iraklion kann man den Linienbus nehmen, der morgens hin- und nachmittags zurückfährt. Der Linienbus ab Agios Nikolaos kehrt gleich nach seiner Ankunft auf der Ebene wieder zurück, sodass man ein Fahrzeug braucht, wenn man länger bleiben will. Oder man übernachtet in einem der Dörfer. > mehr S. 17 Punkt 32

Von hier aus lassen sich Wanderungen in die Bergwelt des Dikti-Massivs unternehmen, beliebt ist der Abstieg in die Geburtshöhle des Zeus *(Diktaeo Andro)*.

AGIOS GEORGIOS 7 L4

Das Dorf besitzt drei Anziehungspunkte: ein **Volkskundemuseum,** das in einem festungsartigen Dorfhaus aus dem 19. Jh. untergebracht ist und wegen der damals drohenden Überfälle durch die Türken fensterlos gebaut wurde, das **Venizelos-Museum,** in dem das Leben des aus Kreta stammenden ehemaligen griechischen Ministerpräsidenten Eleftherios Venizelos (1864 bis 1936) anschaulich dokumentiert ist (beide Museen im Sommer tgl. 10 bis 16 Uhr) und den **Lasinthos Eco Park** > S. 29 mit Mitmach-Werkstätten, Läden, Café und Taverne.

ZEUSHÖHLE BEI PSICHRO

Die Höhle, auch Diktäische Grotte *(Diktaeo Andro)* 8 L4 genannt, ist eine minoische Kulthöhle, in der die Griechen später den Göttervater Zeus, der hier geboren sein soll, verehrten. Bei Grabungen wurden zahlreiche Votivgaben gefunden, u. a. Miniatur-Doppeläxte, Messer, Schmuck und Statuetten (ausgestellt im Archäologischen Museum von Iraklion). Man fährt mit dem Auto bis zu einem gebührenpflichtigen Parkplatz. Von dort führt ein Weg (ca. 20 Min.) bergauf bis zum Höhleneingang. In der Höhle geht eine moderne, gut beleuchtete Treppe an Stalagmiten und Stalaktiten vorbei zum Höhlenboden hinunter. Interessanter gestaltet sich die Besichtigung mit einem Führer, der spannende Geschichten erzählt (in der Hochsaison tgl. 8–19 Uhr, in der Nebensaison kürzer).

HOTELS UND RESTAURANTS

Dionysos €

Sechs einfache Doppelzimmer, Taverne, dörfliche Atmosphäre.

- Magoulas (1 km östlich von Psichro) Tel. 28 44 03 16 72

Lasinthos €

Zimmer und Studios im gemütlichen Landgasthof mit rustikaler Taverne, in der Gemüse und Kräuter aus dem eigenen Garten auf den Tisch kommen.

- Agios Georgios | Tel. 28 44 08 90 08 www.lasinthos.gr

Hotel Maria/Taverna Rea €

Persönlich geführtes kleines Hotel mit schmuckem Restaurant.

- Agios Georgios Tel. 28 44 03 12 09

ISTRO 9 N5

Der Ferienort liegt östlich von Agios Nikolaos. Neben Apartments und Hotels gibt es zahlreiche Tavernen und schöne Sandstrände wie den **Voulisma Beach.** Er fällt ganz flach ins Meer ab und ist daher gut für Familien mit Kindern geeignet.

HOTEL

Istron Bay Hotel €€€

Schicke Anlage mit eigenem Strand und tollem Blick auf den Mirabello-Golf.

- Tel. 28 41 06 13 03 | Istro www.istronbay.gr

GOURNIA 10 ★ N5

Das »minoische Pompeji« liegt auf einem Hügel in Meeresnähe, dort, wo an der Wespentaille Kretas einst der minoische Landweg in das 14 km entfernte Ierapetra an der Südküste führte. Es ist eines der frühesten Beispiele für europäischen Städtebau. Bei Grabungen freigelegt wurde eine Stadt der einfachen Bevölkerung aus der Jüngeren Palastzeit mit Wohnhäusern, Werkstätten und Läden. Das Zentrum bildete ein Versammlungsplatz oben auf dem Hügel, daneben lagen ein Palast und ein Heiligtum. Die ineinandergeschachtelten Häuser waren zwei- bis dreistöckig. Im Erdgeschoss wurden das Vieh und die Vorräte untergebracht, oben befanden sich die Wohnräume. Hohlräume im Mauerwerk lassen vermuten, dass Fachwerk verwendet wurde. Gournia wurde zeitgleich mit Knossos zu Beginn des 20. Jhs. ausgegraben (Di–So 8–15 Uhr).

MOCHLOS 11 N4

Der kleine, gemütliche Ort an der schön gelegenen Fischerbucht mit kleiner vorgelagerter Insel und den Ausgrabungen einer Siedlung aus minoischer Zeit ist zwar längst kein Geheimtipp mehr, doch noch immer fühlen sich hier Individualreisende wohl. Richtig voll wird es in den Tavernen direkt am Wasser sonntagmittags, wenn griechische Großfamilien und Trupps von jungen Leuten genüsslich bis in die Nachmittagsstunden tafeln. Mochlos ist einer der wenigen Orte in den touristischen Gebieten Kretas, an denen man noch gut und relativ preiswert frischen Fisch essen kann.

HOTEL

Mochlos Mare €

Recht große, ordentliche Apartments.

- 100 m östlich des Ortes | Mochlos
  Tel. 28 43 09 40 05
  www.mochlos-mare.com

RESTAURANT

Ta Kochylia €–€€

Für ihre Fischgerichte bekannte Taverne am Meer. Spezialität ist Seeigelsalat.

- Tel. 28 43 09 44 32
  www.mochlos.eu

Am Strand von Istro

In Sitia geht es aufgrund der Hanglage treppauf und treppab

SITIA 12 04

In der weißen Kleinstadt am Meer (9000 Einw.) geht es gemächlich zu. Sitia hat keine spektakulären Sehenswürdigkeiten und keine besonderen Strände zu bieten. Zentrum der Stadt ist die Platia am Hafen mit ihren Cafés und Tavernen, wo sich das lebendige Treiben von Einheimischen und Touristen abspielt, und die breite palmenbestandene Uferpromenade. Oberhalb des Ortes steht weithin sichtbar die venezianische Festung **Kasarma** *(casa di arma)*.

Zwei Museen bietet das ruhige Städtchen: Ein aus einem Saal bestehendes **Archäologisches Provinzmuseum** an der Ausfallstraße nach Piskokefalo mit Funden aus der Umgebung, aus denen der sogenannte Kouros von Palekastro und Tafeln mit Linear-A-Schrift herausragen (Di–So 8.30–15 Uhr) und ein **Volkskundemuseum** in der Odos Kapetan Sifi 28, in dem landwirtschaftliche Geräte, Hausrat und regionale Webarbeiten gezeigt werden (Mo–Fr 10–13 Uhr).

Die Umgebung von Sitia ist berühmt für ihr exzellentes Olivenöl und hervorragende Weine.

INFO

ESTIA-Association
- Tel. 28 43 02 20 60
  www.sitiarooms.gr

HOTELS

Villas Delight €€
Kleine, luxuriöse Villen mit Pool.
- K. Karamanli 4 | Sitia
  Tel. 28 43 02 29 00
  www.villasdelight.com

Archontiko €
Charmantes neoklassizistisches Haus mit privater Atmosphäre. Etagendusche, ausgesprochen freundlicher deutschsprachiger Service.
- Odos Kondilaki 16 | Sitia
  Tel. 28 43 02 81 72

RESTAURANTS

Eine umfangreiche Speisekarte hat **Zorbas** (€–€€) am Hafen (Platia Zotou). Dazu wird der lokale Wein Agrilos ausgeschenkt (weiß, rosé und rot).
Oder man kehrt im **Sitia Beach** (€–€€) am Strand ein. In beiden Lokalen werden beste Fischgerichte serviert.

SHOPPING

Dienstagvormittags findet nahe dem Archäologischen Museum ein **Bauernmarkt** statt, auf dem Obst, Gemüse, Käse und Honig angeboten werden.
Trockengebäck, traditionelle Kuchen und allerhand süße Naschereien kann man in diversen **Zacharoplastia** (Konditoreien) am Hafen probieren.

TOPLOU 13 ★ P4

Der Name der Klosterburg in der Mondlandschaft des ursprüglichen Ostens Kretas leitet sich vom türkischen Wort *top* (Kanone) ab. In der Klosterkirche befindet sich eine sehenswerte Ikone mit miniaturhaften Darstellungen, die an die naive Bauernmalerei Brueghels erinnern. Ein Laden auf dem Klostervorplatz verkauft Reproduktionen von Ikonen und Kerzen zum Anzünden im Kloster. Moni Toplou ist über Kreta hinaus bekannt für die Produktion von hochwertigem Olivenöl aus biologischem Anbau, das auch an Besucher verkauft wird. Oberhalb des Klosters wurde der erste Windenergiepark Kretas errichtet.

PALMENSTRAND VON VAÏ 14 ★11 P4

Der zauberhafte Sandstrand ist im Sommer ziemlich voll, wenn Ausflugsbusse aus ganz Kreta Europas einzigen zusammenhängenden Palmenhain ansteuern. Unterkunftsmöglichkeiten gibt es keine, Campen ist verboten, denn Vaï ist geschützt, da eine einzigartige Palmenart, *Phoenix theophrasti*, hier ein Wäldchen bildet. Ein Großteil des Geländes ist eingezäunt und wird nachts geschlossen. Wenn es nicht zu voll ist, eignet sich der Traumstrand bis in den Spätherbst hervorragend zum Schwimmen und Relaxen; Restaurants sind vorhanden. > mehr S. 15 Punkt 23 Nördlich von Vaï gibt es noch weitere ebenso schöne und weniger besuchte Strände, allerdings ohne Infrastruktur.

PALEKASTRO 15 P4

Palekastro ist ein gemütlicher Ort einige Kilometer vom Meer entfernt (www.palaicastro.com). Er ist land-

MADE IN CRETE

Olivenöl und Wein sind beliebte Mitbringsel nicht nur aus Ost-Kreta. Abgesehen vom reichen Angebot an lokalen Leckereien wie Kräutern, Tee und Honig sind viele Souvenirläden auf der Insel vollgestopft mit allerlei Kitsch und Krimskrams aus Fernost.

Das Netzwerk **Cretan Hands** hat sich die Verbreitung kretischer Produkte und Souvenirs auf die Fahnen geschrieben. Ziel ist es, das lokale Handwerk, die Wirtschaft und die Volkskunst auf der Insel zu fördern > S. 26. Zu erkennen sind die Produkte an dem runden schwarz-weiß-blauen Mosaiksiegel. Links mit Adressen und Videos: www.cretanhands.com.

wirtschaftlich geprägt und wird gern von Individualtouristen besucht. In Palekastro spielt sich das Leben hauptsächlich rund um den Dorfplatz ab. Nur 20 Gehminuten entfernt liegt der flach abfallende, sandige Dorfstrand Chiona mit einigen Tavernen und der kleinen Ausgrabung Roussolakkos.

Rund 3 km nördlich des Ortes erstreckt sich die weitläufige Bucht **Kouremenos** mit einem breiten Sandstrand, einigen Apartments, Tavernen und dem Gone Surfzentrum (www.gonesurfing.gr).

ZAKROS 16 P5

Die Straße von Palekastro nach Zakros führt durch eines der ärmsten, weil trockensten Gebiete Kretas. Viele Dörfer sind verfallen, ihre Bewohner weggezogen – vorwiegend Alte und Kinder sind zurückgeblieben. In jüngster Zeit wird allerdings in den Bergen der Olivenanbau wieder intensiviert und könnte künftig für etwas mehr Wohlstand sorgen.

Eine Ausnahme ist das Dorf Pano (das obere) Zakros, das es dank des touristischen Durchgangsverkehrs und einer Quelle zu einem gewissen Wohlstand gebracht hat.

TAL DER TOTEN

Ein Quellwasserlauf hat im Lauf der Jahrtausende das Tal der Toten gebildet – es wird so genannt, weil die Minoer in den Felshöhlen ihre Toten bestatteten. Der Canyon führt hinunter zum Meer zu den Ausgrabungen von Kato Zakros. Lohnend ist eine Wanderung (ca. 2 Std.) in diesem gewaltigen Canyon ohne Frage. Der Einstieg befindet sich 3 km hinter dem Ortsende von Pano Zakros. Der Weg ist mit roten Punkten markiert und führt auf dem Schluchtgrund am Bach entlang bis zu den Bananenplantagen des Schwemmlandes an der Bucht von Kato Zakros (dann links abbiegen zum Palast). Ein Bad im nahen Meer belohnt für die Mühen.

KATO ZAKROS 17 12 P5

Der vierte der großen minoischen Paläste Kretas lag direkt am Meer (es gibt noch andere, die aber noch nicht vollständig freigelegt sind). Heute verläuft die Küstenlinie 80 m weiter östlich, bedingt durch das Schwemmland des Flusses, der durch das Tal der Toten fließt. Die Lage im Osten Kretas war handelspolitisch günstig. Auf dem Seeweg waren Ägypten und der Vordere Orient so am schnellsten erreichbar. Gefunden wurden Elfenbeinzähne und andere Exotika, offenbar Importe aus Übersee.

1901 begann der Engländer D. G. Hogarth hier zu graben. Systematisch ging ab 1962 Nikolaos Platon vor. Bis heute sind rund 100 Räume freigelegt. Die vielen kostbaren Funde – der Palast wurde nie geplündert – sind im Archäologischen Museum in Iraklion ausgestellt.

Der Bau zeigt die typischen Merkmale der Palastarchitektur: Innenhof, Magazine, Pfeilerkrypten und Polythyra. Anders als in Knossos wurde hier auch die Wohnstadt freigelegt. Eine Besonderheit sind die sanitären Anlagen: Drei Brunnen sorgten für die Be- und Entwässerung, das Quellwasser sprudelt noch heute. Eine Seltenheit ist der Bronzeschmelzofen am Eingang: durch Kanäle ließ sich die Luftzufuhr steuern. Erz und Holzkohle wurden dazu schichtweise im Ofen gestapelt. Das flüssige Metall konnte durch eine Tülle abfließen (Di–So 8–18, im Winter bis 15 Uhr).

XEROKAMPOS 18 P5

Den entlegenen, aber reizvollen Winkel im äußersten Südosten erreicht man entweder über eine Schotterpiste, die sich von Pano Zakros nach Süden durch die Berge schlängelt, oder über eine serpentinenreiche Asphaltstraße, die von der Straße von Makrigialos nach Sitia abzweigt und über Handros und Ziros in das von steilen, schroffen Bergen eingeschlossene Xerokampos führt. Die Siedlung mit ihren verstreut liegenden Häusern erstreckt sich einige Kilometer die Küste entlang und bezieht ihren Reiz aus der Abgeschiedenheit, der kargen Landschaft und naturbelassenen Sandbuchten.

HOTEL/RESTAURANTS

Villa Petrino €

Sechs komfortable Studios mit gemauerten Betten in ruhiger Lage.

- Xerokampos | Tel. 28 43 02 87 02
  www.xerokampos.eu

Frischen Fisch isst man in der Taverne **Kostas** (€) am Hang oberhalb der Hauptstraße. Empfehlenswert ist auch **Akrogiali** (€) in Strandnähe.

IERAPETRA 19 N5

Die viertgrößte Stadt Kretas (18 000 Einw.) ist die südlichste Europas. Hübsch sind die kleine Altstadt mit einer Moschee und der städtische Sandstrand, an dem Fischer unter Tamarisken ihre Netze flicken und in dessen Tavernen man sich entspannen kann. Kunst- und Geschichtsinteressierte finden ein kleines Archäologisches Museum und eine venezianische Festung von Beginn des 13. Jhs.

Gute Bademöglichkeiten bietet der kilometerlange Sandstrand am östlichen Ortsende. Die zahlreichen Gewächshäuser belegen, dass die Region noch immer überwiegend von der Landwirtschaft lebt.

HOTELS

Coriva Beach €€

Etwa 9 km östlich von Ierapetra gelegene Anlage mit traditioneller Taverne am schönen Strand. Freundlich, angenehme Atmosphäre, für Ruhesuchende.

- Koutsounari | Tel. 28 42 06 12 63
  corivabeach.com

Irene Villa €€

Familiäres, gemütliches und zauberhaft gelegenes Haus mit Pool im Garten.

- Ierapetra | Tel. 28 42 02 83 61
  www.irene-villa.com

Nicolas Apartments €€

Hübsche Studio- und Apartmentanlage mit Pool auf einem Hügel am Meer, 3 km östlich der Stadt. Nette Taverne mit Meerblick und kretischer Küche.

- Peristeras | Tel. 28 42 02 46 86
  www.nicolas-apartments-crete.gr

RESTAURANTS

Odeon €€
Bei jüngeren Griechen sehr beliebtes Mezedopolio mit lauschigem Innenhof.
- Lastheneon 16 | Ierapetra
  Tel. 28 42 02 74 29

Portego €€
Sehr beliebtes Restaurant mit kretischen Gerichten, Bar und Klub in wunderschön restauriertem Stadthaus am Altstadtrand.
- Foniadaki 8 | Ierapetra
  Tel. 28 42 02 77 33

Psaropoula €€
Spezialitäten sind Fischplatte und Meeresfrüchte.
- Koutsounari (hinter Club Sunshine)
  Ierapetra | Tel. 00 30 69 77 50 02 72

Levante €–€€
Nette Fischtaverne mit guter kretischer Küche direkt am Strand.
- Stratigou Samouil 38 | Ierapetra
  Tel. 28 42 08 05 85
  www.levante-taverna.gr

GRATIS ENTDECKEN

- **CretAquarium** Der Eintritt in das Aquarium ist für Menschen mit Handicap und Kinder bis vier Jahre frei. > S. 106
- **Frangokastello** Die einsame Festung an Kretas Südküste kann man besichtigen, ohne Eintritt zu bezahlen. > S. 69
- **Agios Nikolaos** Die Gemeinde verleiht gratis Fahrräder, um die Stadt zu erkunden. > S. 130
- **Museen** Freie Eintritte an bestimmten Tagen, odysseus.culture.gr.

AUSFLÜGE AB IERAPETRA

INSEL CHRISSI 20 M6

Eine der Hauptattraktionen von Ierapetra ist die etwa 6 × 1 km große Insel Chrissi (goldene Insel), Europas südlichster Naturpark. Die Insel ist zu einem Drittel mit Wacholderzedern bewachsen, dem einzigen Wald dieser Art in Europa. Die Bäume haben ein durchschnittliches Alter von 200 Jahren. Der schönste Strand ist der Golden Beach an der Nordküste, dessen Sand aus kleinen Muscheln und Steinchen besteht. Dort werden Sonnenschirme und Liegen vermietet, es gibt auch eine Taverne. Schiffsverbindung zur Insel (Mitte Mai–Mitte Okt.): In der Regel legen die Schiffe am Hafen von Ierapetra um etwa 10 Uhr ab und fahren ab 16 Uhr zurück. Die Überfahrt dauert 45 Min. (ca. 25 €).

THRIPTI-GEBIRGE

Ein anderer Ausflug führt über eine schlecht ausgebaute, aber fahrbare Straße bei Kato Chorio hoch in die Berge, in das hübsche, über 1000 m hoch gelegene Dorf **Thripti** 21 N5. Die grüne Hochebene lässt sich bestens zu Fuß erkunden und die Tour mit einem Besuch in einer der beiden Tavernen abrunden. Unterwegs kann man von zwei, drei Stellen an der Straße aus sowohl das Meer im Norden als auch im Süden sehen.

MAKRIGIALOS 22 05

25 km östlich von Ierapetra erstreckt sich der Strand von Makrigialos. Hotels und Restaurants säumen den kilometerlangen Strand, der lebendige Ferienort ist auch bei Pauschalurlaubern beliebt.

AUSFLUG NACH KOUFONISSI 23 P6

Im Sommer fahren am Vormittag Boote von Makrigialos aus zur etwa 45 Minuten entfernt gelegenen, fast baumlosen Insel Koufonissi. Dort finden sich einige exzellente Badebuchten und man kann die Überreste einer antiken Siedlung erkunden.

MIRTOS 24 M5

Mirtos ist ein sehr kleiner, feiner Ort mit weiß gekalkten Häusern inmitten von Orangenhainen. Schön sind der Sandstrand und die Promenade, an der einige gute Tavernen zu einer Pause verführen. Im Ort lohnt ein Blick in das **George Dimitrinakis Museum**, ein kleines Dorfmuseum mit Exponaten aus der minoischen Zeit, aber auch aus der deutschen Besatzungszeit (unterhalb der Kirche, www.mirtoscrete.gr).

HOTELS

Big Blue €€

Außergewöhnlich gepflegte und liebevoll eingerichtete Zimmer und Studios mit Meerblick.

- Mirtos | Tel. 28 42 05 10 94
  www.big-blue.gr

Kastro €

Apartments in zentraler Lage, mit Pool und Café-Bar, teils kleine Zimmer, aber mit Klimaanlage.

- Mirtos | Tel. 28 42 05 14 44
  www.kastromyrtos.gr

AUSFLÜGE AB MIRTOS

FOURNOU KORIFI 25 M5

2 km von Mirtos liegt auf dem Hügel Fournou Korifi eine Ausgrabungsstätte aus der Vorpalastzeit: Ein Dorf, in der eine Sippe von um die 200 Menschen in etwa 90 verschachtelten Räumen lebte. Ein Herrenhaus wurde nicht gefunden – die Bevölkerung lebte in der Zeit vor der Staatsentstehung offenbar noch in hierarchielosen Verhältnissen.

SARAKINA-SCHLUCHT 26 M5

Wanderlustige können beim Bergdörfchen **Mithi** in die landschaftlich reizvolle, das ganze Jahr über Wasser führende Sarakina-Schlucht wandern. Sie erinnert an die berühmte Samaria-Schlucht › S. 71, ist aber längst nicht so überlaufen. Die Anfahrt erfolgt über Males (Tour für geübte Wanderer, ca. 3 Std.).

Achtung: Unbedingt SCHUHE ZUM WECHSELN mitnehmen, in der Schlucht ist es nass!

ARVI 27 L5

Der verschlafene, direkt auf die niedrigen Klippen gebaute Küstenort bietet einen Kiesstrand und zwei Tavernen, die Ruinen eines verlassenen Klosters, eine Schlucht und zahllose Bananenplantagen.

EXTRA-TOUREN

Fischerboote im Hafen von Chania

TOUR 13

ANTIKE UND STRÄNDE IN EINER WOCHE

ROUTE: Iraklion > Knossos > Gortis > Phaistos (Festos) > Matala > Agia Galini > Preveli > Plakias > Chora Sfakion > Agia Roumeli > Rethimnon > Iraklion

KARTE: Klappe hinten
DISTANZEN: **Iraklion** > **Knossos** 6 km; **Iraklion** > **Phaistos** (Festos) 64 km; **Phaistos** > **Matala** 12 km; **Matala** > **Agia Galini** 27 km; **Agia Galini** > **Preveli** 41 km; **Preveli** > **Plakias** 12 km; **Plakias** > **Chora Sfakion** 40 km; **Chora Sfakion** > **Agia Roumeli** 1 Std. per Schiff; **Chora Sfakion** > **Rethimnon** 66 km; **Rethimnon** > **Iraklion** 80 km.
VERKEHRSMITTEL: Am besten fahren Sie mit dem Auto oder Motorrad. Mietwagen sind auf Kreta in jedem Ort günstig zu haben > **S. 25.** Dauer: eine gute Woche. Wer wenig Zeit hat, kann mit drei Tagen auskommen.

Die Tour bietet eine Mischung aus Kultur, Natur und Stranderlebnissen. Der erste Tag in **Iraklion** > S. 98 ist der Kultur vorbehalten, nämlich dem Besuch des Archäologischen Museums und der Ausgrabungen von **Knossos** > S. 109, für die man jeweils einen halben Tag einplanen sollte. Da die Geschäfte und Restaurants in Iraklion lange geöffnet sind, bleibt am Abend noch Zeit fürs Shopping und einen Tavernenbesuch. Am nächsten Tag geht es nach Süden, wo mit **Gortis** > S. 121 und **Phaistos** (Festos) > S. 119 zwei weitere antike Stätten auf dem Programm stehen. Übernachtet werden kann an der Südküste entweder in **Matala** > S. 122 oder in einer der ruhigeren benachbarten Buchten. Über das lebhafte Hafenstädtchen **Agia Galini** > S. 91 geht es anderntags nach Westen, an **Preveli** > S. 92 vorbei – Eilige machen jetzt schon einen Abstecher dorthin – nach **Plakias** > S. 93. Hier lohnen zwei Übernachtungen, nicht zuletzt wegen des schönen Strandes. Außerdem kann man sich von hier aus am nächsten Tag per Badeboot zum **Strand von Preveli** bringen lassen. Von Plakias aus geht es weiter über Frangokastello und sein am Strand gelegenes Kastell nach **Chora Sfakion** > S. 68. Dorthin, wo der Widerstand gegen die Besatzer am erbittertsten war und die Landschaft bis heute wildromantisch ist. Von hier lassen sich Ausflüge unternehmen, wenn man von zwei Übernachtungen ausgeht, jeweils per Schiff nach **Agia Roumeli** > S. 74 und zur **Samaria-Schlucht** > S. 71. Oder man unternimmt eine Bergtour, z. B. durch die **Imbros-Schlucht** > S. 68. Von Chora Sfakion geht es wieder an die Nordküste und über **Rethimnon** > S. 84, das mit seiner Altstadt eine Übernachtung wert ist, zurück nach Iraklion.

TOUR 14

PER SCHIFF ENTLANG DER SÜDKÜSTE

ROUTE: Chora Sfakion > Loutro > Agia Roumeli > Wanderung durch die Samaria-Schlucht > Sougia > Paläochora > Gavdos

KARTE: Klappe hinten
DISTANZEN: **Chora Sfakion** > **Loutro** 1/2 Std. per Schiff; **Loutro** > **Agia Roumeli** 1/2 Std. per Schiff; **Wanderung von Agia Roumeli in die Samaria-Schlucht** 3 Std. zu Fuß; **Agia Roumeli** > **Sougia** 1 Std. per Schiff; **Sougia** > **Paläochora** 1/2 Std. per Schiff; **Paläochora** > **Gavdos** 4 Std.
VERKEHRSMITTEL: Fähren verkehren in der Hochsaison regelmäßig zwischen Chora Sfakion und Paläochora. Zum Start- und Endhafen fahren Linienbusse. Gesamtdauer 4–5 Tage, mit Gavdos 6–7 Tage. Eigentlich sollte man in jedem der angelaufenen Küstenorte mindestens eine Nacht bleiben. Teilweise ist jedoch auch die Weiterfahrt mit der nächsten Fähre möglich.

Die Tour mit der Fähre entlang der Südküste zu einladenden Stränden, pittoresken kleinen Hafenstädtchen und wildromantischen Schluchten verspricht Kreta-Atmosphäre pur. Die Landschaft, die man unterwegs durchquert, ist womöglich die beeindruckendste der ganzen Insel. Und obwohl auch hier der Tourismus Einzug gehalten hat, insbesondere an der Samaria-Schlucht, erleben die Besucher doch eher beschauliche Tage.

Die erste Touretappe wird mit der Fähre zurückgelegt: Von **Chora Sfakion** > S. 68 geht es nach **Loutro** > S. 70, das mit seinen weißen, an der Bergwand »klebenden« Häusern zu den bezauberndsten Flecken Kretas zählt. Der Ort ist nur vom Meer aus oder durch einen anstrengendem Fußmarsch zu erreichen. Wer viel Zeit hat, sollte ein paar Tage bleiben. Weiter geht es Richtung Westen nach **Agia Roumeli** > S. 74. Von hier aus kann die **Samaria-Schlucht** > S. 71 erkundet werden. Am nächsten Fähranleger wartet mit **Sougia** > S. 74 ein abgelegener Ort, an dessen kilometerlangem Strand sich bislang nur ein maßvoller Individualtourismus mit einigen Tavernen und Pensionen etabliert hat. Endpunkt der Küstenlinie ist **Paläochora** > S. 75. Das sehr stimmungsvolle Dorf bietet gute Bademöglichkeiten und vielfältige Unterkünfte. Die Hauptstraße mit ihren Cafés und Restaurants wird im Sommer abends zur Partymeile. Eine Schiffspassage lässt sich noch anhängen: Von Paläochora fährt eine Fähre zur **Insel Gávdos** > S. 76, an deren Südspitze sich der südlichste Punkt Europas befindet.

TOUR 15

HÖHEPUNKTE KRETAS IN ZWEI WOCHEN

ROUTE: Iraklion > Knossos > Phaistos (Festos) > Matala > Preveli > Plakias > Chora Sfakion > Loutro > Samaria-Schlucht > Paläochora > Chora Sfakion > Almirida > Chania > Elafonisi > Rethimnon > Iraklion

KARTE: Klappe hinten
DISTANZEN: **Iraklion** > **Festos** 67 km; **Festos** > **Chora Sfakion** 96 km; **Chora Sfakion** > **Chania** 76 km; **Chania** > **Elafonisi** 80 km; **Elafonisi** > **Georgioupolis** 118 km; **Georgioupolis** > **Iraklion** 102 km
VERKEHRSMITTEL: Eine Pkw- und Schiffstour. Für die Schiffsfahrt stellt man das Auto in Chora Skafion ab, am besten bei einer Pension. Die Tour ist auch mit Bus und Schiff zu bewerkstelligen, mit einer kleineren Änderung im Tourverlauf: Von Paläochora geht es direkt nach Chania, von dort weiter über Georgioupolis und Rethimnon nach Iraklion. Probleme könnte die direkte Verbindung Agia Galini–Preveli–Plakias bereiten. Aber die lässt sich mit einem Taxi überbrücken.

Die Rundreise führt durch die Mitte und den Westen Kretas und verbindet viele Highlights: großartige Kulturdenkmäler ebenso wie beeindruckende Insellandschaften und wunderschöne Strände. Geschichtlich Interessierte werden etwas mehr Zeit im Archäologischen Museum in **Iraklion** > S. 98 und in **Knossos** > S. 109 verbringen. Auch **Gortis** > S. 121 und **Phaistos** > S. 119 sind beeindruckende Ausgrabungsstätten, noch dazu in eindrucksvoller Landschaft. Danach kann man in den Badeorten an der Südküste wie **Matala** > S. 122 die Seele baumeln lassen. Nicht auslassen sollte man den Strand von **Preveli** > S. 92, einen der schönsten der Insel. Preveli ist per Badeboot auch von **Plakias** > S. 93 aus gut zu erreichen.

In **Chora Sfakion** > S. 68 beginnt dann ein besonderes Erlebnis: eine Schiffsfahrt (> S. 146, Tour 14) entlang der Südküste über **Loutro** > S. 70 und **Agia Roumeli** > S. 74 – mit Wanderung in die **Samaria-Schlucht** > S. 71 – nach **Paläochora** > S. 75. In jedem der auf seine Art reizvollen Orte kann man gut einen Tag verbringen, wobei Loutro einen besonderen Höhepunkt darstellt. Verpassen Sie in Paläochora nicht das abendliche Treiben an der Promenade, bevor es mit dem Schiff nach Chora Sfakion zurückgeht.

Von dort fahren Sie dann mit dem Auto nach Norden. **Almirida** > S. 66, ein schöner Ferienort auf der Halbinsel des Kap Drapano, lohnt einen Aufenthalt, bevor es weiter nach **Chania** > S. 60 geht (wer mit dem Bus unterwegs ist, fährt von Paläochora aus direkt dorthin). Chania ist die vielleicht schönste Stadt auf Kreta. Wer mediterrane städtische Atmosphäre mag, sollte in einem Apartment in einem der top restaurierten Altstadthäuser zwei, drei Nächte verbringen. Anschließend lohnt ein Schlenker auf die **Akrotiri-Halbinsel** › S. 65, Drehort des Films »Alexis Sorbas«. Aber die Halbinsel ist auch landschaftlich reizvoll, es gibt schöne Strände und wenig Touristen. Reisende, die es ruhiger und erholsamer mögen, können statt in Chania in **Stavros** Station machen und die Hafenstadt von hier aus besuchen. Ein ganzer Tag gehört dem »karibischen« Strand von **Elafonisi** › S. 76 ganz im Südwesten der Insel. Zurück geht es nach **Georgioupolis** › S. 67, einem beliebten Ferienort mit breitem Sandstrand. Reisende, bei denen die Zeit noch nicht drängt, haben hier die Gelegenheit zum Entspannen, bevor die Tour nach **Rethimnon** › S. 84 führt. Kunstfreunde sollten dort das Museum für zeitgenössische Kunst besuchen. Ein Dinner am Hafen sorgt für einen gelungenen Abschluss der Rundreise. Eine der besten Adressen für gehobene kretische Küche ist das Avli in einem schönen Palazzo. Am letzten Morgen geht es auf der Schnellstraße zurück zum Ausgangsort **Iraklion** › S. 98.

TOUR 16

QUER ÜBER DIE INSEL IN EINER WOCHE

ROUTE: Chania › Akrotiri › Kap Drapano › Kournas › Rethimnon › Arkadi › Bali › Iraklion › Knossos › Lassithi › Agios Nikolaos › Ierapetra › Makrigialos › Kato Zakros › Vaï

KARTE: Klappe hinten

DISTANZEN: **Chania** › **Akrotiri** 16 km; **Akrotiri** › **Kap Drapano** 43 km; **Kap Drapano** › **Kournas** 35 km; **Kournas** › **Rethimnon** 23 km; **Rethimnon** › **Arkadi** 24 km; **Arkadi** › **Bali** 35 km; **Bali** › **Iraklion** 50 km; **Iraklion** › **Knossos** 6 km; **Knossos** › **Lassithi** 51 km; **Lassithi** › **Agios Nikolaos** 60 km; **Agios Nikolaos** › **Ierapetra** 37 km; **Ierapetra** › **Makrigialos** 27 km; **Makrigialos** › **Kato Zakros** ca. 70 km; **Kato Zakros** › **Vaï** 36 km

VERKEHRSMITTEL: Am bequemsten reist man per Pkw oder Motorrad. Eine Abweichung vom Streckenverlauf ist nötig, wenn man den Linienbus nimmt: Vaï und Kato Zakros erreicht man von Ierapetra aus nur über Sitia.

Die Tour durchquert Kreta fast vollständig von West nach Ost und zeigt dabei die Insel der Götter in ihrer ganzen faszinierenden Vielfalt. Einen vollen Tag sollte man schon für den Ausgangspunkt, **Chania** › S. 60, einplanen.

Einen genauso langen Aufenthalt lohnt aber auch **Rethimnon** › S. 84, das wie Chania mit Altstadt und venezianischem Hafen glänzt. Die Fahrt dorthin führt durch urwüchsige Landschaften auf der **Akrotiri-Halbinsel** › S. 65, und am **Kap Drapano** › S. 67 sowie an **Kournas** › S. 68, mit Kretas einzigem Süßwassersee, vorbei.

Wahrzeichen von Chania: der Leuchtturm an der Hafeneinfahrt

Östlich von Rethimnon lockt das **Kloster Arkadi** › S. 87, das wichtigste kretische Nationaldenkmal. Vorbei an einigen reizenden Nordküsten-Badeorten wie **Panormos** › S. 89 und **Bali** › S. 89 geht es nach **Iraklion** › S. 98 und zum nahe gelegenen **Knossos** › S. 109, das recht anschaulich Einblicke in die minoische Kultur bietet. Über die sehenswerte **Lassithi-Hochebene** › S. 134, die Kornkammer Kretas, erreicht man das hübsche Hafenstädtchen **Agios Nikolaos** › S. 129, ein guter Standort für eine Zwischenübernachtung.

Einige Kilometer hinter Agios Nikolaos – die Strände von Istro laden zu einem erfrischenden Badestopp ein – biegt die Tour an Kretas schmalster Stelle der Insel nach Süden ab und erreicht **Ierapetra** › S. 141, die südlichste Stadt Europas. Den zahlreichen Gewächshäusern in ihrem Rücken zum Trotz haben die Strände zwischen der Stadt und dem beliebten Badeort **Makrigialos** › S. 143 ihren Reiz weitgehend bewahrt. Das östlichste Stück Kretas ist eine menschenleere Landschaft von herber Schönheit. Durch kleine Dörfer und über baumlose Hochebenen geht die Fahrt nach **Kato Zakros** › S. 140, zu einem der bedeutendsten minoischen Paläste, direkt am Strand mit ein paar Tavernen gelegen. Ein Strand ist auch Abschluss und Höhepunkt der Tour: **Vaï** › S. 139. Allerdings erfreut sich der berühmte Palmenhain mit seinem feinsandigen Beach in der Hochsaison größter Beliebtheit. Wer Ruhe sucht, der muss entweder früh da sein oder auf die südlich gelegene Strandbucht ausweichen. Dazu ist dann allerdings eine kleine Kletterpartie nötig.

INFOS VON A–Z

AUTOFAHREN

Deutsche, Österreicher und Schweizer brauchen den nationalen Führerschein. Die grüne Versicherungskarte ist nicht mehr Vorschrift, aber weiter ratsam. Mietwagen reserviert man am besten bereits von zu Hause aus, das ist billiger.

- **Höchstgeschwindigkeit:** in Ortschaften 50 km/h, auf Landstraßen 90 km/h, New Road 110 km/h.
- **Promillegrenze:** 0,5. Achtung: Bei über 0,8 Promille drohen 700 € Geldstrafe und drei Monate Führerscheinentzug.

Griechenland steht weit oben in der EU-Unfallstatistik. Auf den Straßen ist Wachsamkeit geboten.

BARRIEREFREIES REISEN

Barrierefreie Hotels findet man unter www.rollstuhl-urlaub.de/sonstige/griechenland/kreta/, Pauschalreisen unter voni-touristik.de/spezial/barrierefreiesreisen.html und www.hotel-koukouvaia.de (bei Agios Nikolaos).

DIPLOMATISCHE VERTRETUNGEN

- **Deutschland:**
  Iraklion, Odos Dikeossinis 7,
  Tel. 28 10 22 62 88;
  Chania, Goethe-Zentrum,
  Digeni Akrita 1, Tel. 28 21 06 88 76,
  beide: www.griechenland.diplo.de
- **Österreich und Schweiz:**
  Iraklion, Nea Alikarnassos,
  Mafsalou 201 (bei Cretan Holidays),
  Tel. 28 10 33 14 97,
  austrianconsul@cretanholidays.gr

EINKAUFEN

Beliebte Souvenirs sind Lederwaren, Keramik, Web- und Stickarbeiten, Honig, hochwertiges Olivenöl, Kräutertees und Gewürze.

EINREISE

Deutsche, Österreicher und Schweizer Staatsbürger müssen bei der Einreise den Personalausweis vorlegen.

ELEKTRIZITÄT

Die Netzspannung beträgt 220 Volt. Deutsche Schukostecker passen in den meisten Fällen.

FEIERTAGE

- 1. Januar – Neujahr
- 25. März – Nationalfeiertag
- Karfreitag (bis 12 Uhr)
- Ostern › S. 46
- 1. Mai. – Tag der Arbeit
- 15. August – Mariä Entschlafung (entspricht dem katholischen Feiertag Mariä Himmelfahrt)
- 28. Oktober – Ochi-Tag (Nationalfeiertag)
- 25. Dezember – Weihnachten
- An diesen Tagen bleiben die Museen, Ausgrabungsstätten und Geschäfte generell geschlossen.

FKK

Nacktbaden ist in Griechenland verboten. Die griechische Moral sieht den nackten Körper als anstößig an. Wer also auf das Nacktbaden gar nicht verzichten kann, der sollte dies wirklich nur an gänzlich abgelegenen Stränden tun, an denen sich bestimmt keine Griechen aufhalten. Doch auch in dieser Frage gilt der Relativierungsprozess. In vielen Touristenorten ist »oben ohne« inzwischen bereits wieder aus der Mode.

FOTOGRAFIEREN

In Museen und archäologischen Stätten ist Fotografieren grundsätzlich kostenlos erlaubt. Wer dort Stativ- oder Blitzlichtaufnahmen machen will, muss sich an der

Kasse ein zusätzliches Ticket kaufen; mancherorts ist es allerdings ganz verboten. In Kirchen darf man oft nicht fotografieren.

GELD UND PREISNIVEAU

Das Preisniveau für touristische Dienstleistungen ist etwas niedriger als in Deutschland.

- Ein Essen in einer einfachen Taverne kostet für zwei Personen inkl. Wein oder Bier etwa 25–30 €.
- Ein kleiner griechischer Kaffee kostet in einem Dorfkafenion ca. 1 €, in einem besseren Lokal in der Stadt allerdings mehr als das Doppelte.
- Taxi- und Busfahrten sind preiswerter als in Deutschland.
- Eintrittsgebühren sind erschwinglich. Für Knossos und das Archäologische Museum in Iraklion zahlt man zusammen 16 €. Studenten zahlen nichts, Rentner aus der EU die Hälfte (unbedingt entsprechenden Ausweis mitbringen!).
- Privatzimmer kosten ab 25 € pro Doppelzimmer, ein Einzelzimmer in einem einfachen Hotel ab 30 €, aber ohne Frühstück.

Kreditkarten sind verbreitet, aber nicht überall üblich (auch nicht an Tankstellen). In allen Städten und größeren Orten findet man Geldautomaten.

GESUNDHEIT, KRANKENVORSORGE, ÄRZTLICHE VERSORGUNG

Es gibt auf Kreta keine besonderen gesundheitlichen Risiken. Das Leitungswasser ist fast überall trinkbar. Allerdings schmeckt es in den Städten leicht nach Chlor, in den Dörfern kann es je nach Quelle aber ausgesprochen gut sein.

Giftige Schlangen und Skorpione gibt es zwar, aber keine Arten, deren Biss besonders gefährlich wäre. Trotzdem tut man gut daran, sich vor Wanderungen über Gefahren zu informieren. Im Hochsommer können Mücken zur Plage werden (Insektenschutzmittel mitnehmen). Die meisten Medikamente sind billiger als bei uns.

Bei Unfällen wendet man sich an das nächste Krankenhaus oder an ein Gesundheitszentrum *(kentro ijias)*; jede kretische Kreisstadt besitzt eins. Eine Unfallbehandlung oder eine erste Versorgung bei Akuterkrankungen ist dort auch für Touristen kostenlos. Muss ein Arzt gerufen werden, weiß der Hotelier oder Wirt sicher entsprechende Adressen. Niedergelassene Ärzte stellen eine Rechnung aus, die umgehend bezahlt werden muss. Allerdings sind die Arztkosten vergleichsweise niedrig.

Gesetzlich Versicherte können sich mit der Europäischen Krankenversicherungskarte kostenlos von Ärzten der griechischen Krankenversicherung IKA (Zweigstellen in vielen Orten) behandeln lassen. Das ist allerdings recht umständlich. Problemloser ist es, die Arztrechnung selbst zu bezahlen. Ist man gesetzlich versichert, sollte man sich aber erkundigen, ob die Kasse die Kosten erstattet; dazu sollten Sie sich unbedingt vor Ort eine Quittung ausstellen lassen und diese gut aufbewahren! Eine private Auslandskrankenversicherung deckt solche Risiken ab. Sie sollte nicht nur den medizinisch notwendigen, sondern auch den medizinisch sinnvollen Krankenrücktransport einschließen.

URLAUBSKASSE

• Frappé	2,50 €
• Softdrink (Cola, stilles Mineralwasser)	2 €
• Glas Bier 0,5 l	3 €
• Souvlaki	6,50 €
• Kugel Eis	1,50 €
• Taxifahrt (Kurzstrecke bis 10 km)	10 €
• Mietwagen pro Tag	ab 30 €

INFORMATION

Eine gute Quelle ist die offizielle Website www.incrediblecrete.gr (auch in Deutsch) mit Tipps, Adressen, Terminen und Bildern zu fast allen Städten und Regionen.

Außerdem: www.visitgreece.gr/en/greek_islands/crete, www.west-crete.com sowie Greek Travel Pages www.gtp.gr (vor allem für Fährpläne).

Auskünfte über Sehenswürdigkeiten, Museen und Ausgrabungen verrät die Website des griechisches Kulturministeriums: odysseus.culture.gr.

Griechische Zentrale für Fremdenverkehr (EOT):

- **Deutschland:** Holzgraben 31, 60313 Frankfurt, Tel. 069/2 57 82 70, info@visitgreece.com.de
- **Online-Information der EOT:** www.facebook.com/visitgreece.gr; http://twitter.com/visitGreecegr; www.youtube.com/user/visitgreecegr; www.visitgreece.gr
- **Österreich:** Opernring 8, A-1010 Wien, Tel. 01/5 12 53 17, info@visitgreece.at (auch zuständig für die Schweiz)

KIRCHEN UND KLÖSTER

Bei einem Besuch von Kirchen und Klöstern sollten Frauen Schultern und Knie bedeckt halten, Männer keine kurzen Hosen tragen. Die Kirchen sind verschlossen, wenn keine Aufsichtspersonen zugegen sind. Man muss dann in der Nachbarschaft fragen, wer den Schlüssel verwahrt – aber bitte nicht während der Siesta. Der Aufschließer erwartet für seine Mühe ein kleines Entgelt. Schließt ein *Papas* (Geistlicher) auf, legt man eine Spende in Form einiger Münzen auf den Opferteller am Ausgang.

MASSEINHEITEN

Statt Liter geben die Griechen Kilo an, die anderen Maße entsprechen denen in Deutschland.

NOTRUF

- **Polizei:** Tel. 100
- **Erste Hilfe:** Tel. 166
- **Mehrsprachiger EU-Notruf:** Tel. 112
- **Feuerwehr:** Tel. 199
- **Touristenpolizei-Zentrale:** Tel. 171 (24 Std. erreichbar)
- **Pannenhilfe ELPA:** Tel. 1 04

ÖFFNUNGSZEITEN

- **Banken:** Mo–Fr 8–14 Uhr. Während der Hauptsaison sind viele Banken in touristischen Zentren auch nachmittags oder abends geöffnet.
- **Geschäfte:** Normalerweise 8–14 und 17–21 Uhr. Viele Geschäfte bleiben Mo, Mi und Sa am Nachmittag geschlossen, So den ganzen Tag. Manche Familienbetriebe halten ihre Geschäfte bis spät am Abend geöffnet. Große Supermärkte haben meist durchgehend geöffnet.
- **Museen** und **archäologische Stätten** öffnen in der Regel von 8.30–15 Uhr, im Sommer meist bis 17 Uhr und länger, Mo ist oft geschlossen. Abweichungen sind möglich, odysseus.culture.gr.
- **Post:** Die Postämter haben von 8–14 oder 15 Uhr, in den Städten auch bis 20 Uhr geöffnet.
- **Restaurants:** Die meisten haben durchgehend geöffnet, ohne Ruhetag.

POSTGEBÜHREN

Das Porto für Karten und Briefe kostet 0,90 €. Briefmarken gibt es gegen einen geringen Aufschlag auch an den Kiosken oder in Läden, die Postkarten verkaufen.

RADIO UND FERNSEHEN

Viele Hotels haben Satellitenfernsehen und empfangen deutsche Sender. Kretisches Radio in deutscher Sprache: www.radio-kreta.de.

SICHERHEIT

Kreta ist ein sicheres Reiseziel. Es kann nicht schaden, eine Kopie des Ausweises bei sich zu haben. Taschendiebe treiben im Gedränge der Stadt- und Touristenzentren bisweilen ihr Unwesen. Eine große Gefahr sind die verheerenden Wald- und Buschbrände, die Jahr für Jahr auf der Insel wüten. Also bitte alles vermeiden, was in der trockenen Landschaft zu Feuer führen kann.

TELEFON

Telefonkarten gibt es an Kiosken. Telefonieren kann man ebenfalls an den Kiosken.

Wer als Handy-Benutzer wissen will, wie er an das günstigste Telefonnetz herankommt, sollte sich vor der Reise bei seinem Netzbetreiber informieren.

Die Vorwahl nach Deutschland lautet 00 49, nach Österreich 00 43 und in die Schweiz 00 41. Danach wählt man die Ortskennzahl ohne die Null und dann die Teilnehmernummer. Die Vorwahl von Griechenland lautet 00 30.

Auf Kreta wie in ganz Griechenland ist immer die komplette zehnstellige Rufnummer zu wählen, Ortsvorwahl inkl.

TOILETTEN

Man darf meist auch ohne etwas zu bestellen die Toiletten der Restaurants benutzen. Papier nicht in die Toilette, sondern in den bereitstehenden Korb werfen, da die Abflussrohre verstopfen können.

TRINKGELD

Man rundet um etwa 10 % auf. Trinkgeldempfänger sind u. a. Taxifahrer, Zimmermädchen und Kellner (im Restaurant lässt man etwas Kleingeld auf dem Tisch liegen).

UMSCHRIFT

Das griechische Alphabet wird nicht einheitlich in lateinische Buchstaben übertragen. Mal heißt es Iraklion, mal Heraklion, Chania oder Hania, Jiannis oder

Einfahrt in den Hafen von Loutro

Giannis. Wichtige Straßen-, Verkehrs- und Hinweisschilder sind zweisprachig.

ZEIT

Ganzjährig gilt die Osteuropäische Zeit (OEZ). Man stellt die Uhr eine Stunde vor. Von Ende März bis Ende Oktober gilt wie bei uns die Sommerzeit.

ZEITUNGEN

Deutschsprachige Zeitungen und Zeitschriften sind in Touristenorten mit einem Tag Verspätung (und Preisaufschlag) erhältlich. Sehr informativ ist die freitags erscheinende »Griechenland-Zeitung« (www.griechenland.net).

ZOLLBESTIMMUNGEN

Für Reisende aus Ländern der EU sind 800 Zigaretten, 200 Zigarren, 90 l Wein und 10 l Spirituosen zollfrei.

Für Reisende aus Nicht-EU-Ländern und für Waren aus dem Duty-Free-Geschäft gelten folgende Freimengen: 200 Zigaretten oder 50 Zigarren oder 250 g Tabak, 1 l Spirituosen und 2 l Wein.

Verboten sind die Ausfuhr von Antiquitäten und der Export von Ikonen, die vor 1830 entstanden sind.

REGISTER

BILDNACHWEIS

Coverfoto House in the rock, Crete, Greece © Shutterstock/Sergey Vovk
Fotos Umschlagrückseite links © Shutterstock/Gnatkovskiy, Mikhail; Mitte © mauritius images/Alamy/Boardman, James; rechts © Shutterstock/DigitalHand Studio

Alamy/Cave of Zeus: 91; Alamy/Milas, Hercules: 102; AWL Images/Heeb, Christian: 32/33; Christoffel, Gerhard & Christoffel-Crispin, Claudia: 8, 26; Fotolia/Tombaky: 13; Getty Images/Beral, Hal: 107; Getty Images/Jackson, Chris: 44; Getty Images/Tsoumplekas, Christos: 94; Huber Images/Huber, Johanna: 69, 132; Jahreszeitenverlag/Selbach, Arthur F.: 19, 72; laif/Gerber, Tobias: 16, 28, 52, 124; laif/hemis.fr/Guiziou, Franck: 50/51; laif/hemis/Degas, Jean-Pierre: 29; laif/Le Figaro Magazine/Fabre: 144; laif/Raach, Karl-Heinz: 39; laif/robertharding/Black, Stuart: 6/7; laif/Standl, Guenter: 30; LOOK-foto/Richter, Jürgen: 20/21; mauritius images/Alamy/Boardman, James: 14; mauritius images/Alamy/Dagnall, Ian: 10; mauritius images/Alamy/Hackenberg-Photo-Cologne: 108; mauritius images/Lux, Catharina: 41; seasons.agency/Jalag/Selbach, Arthur F.: 9, 46, 73; Shutterstock/Badkin, Caron: 137; Shutterstock/baldovina: 115; Shutterstock/Banet: 58; Shutterstock/cybervelvet: 36; Shutterstock/DigitalHand Studio: 135; Shutterstock/Dziewul: 71, 122; Shutterstock/Felker, Inna: 18; Shutterstock/Gnatkovskiy, Mikhail: 77; Shutterstock/Gonda, Milan: 43; Shutterstock/Gorelovs, Vladimir: 99; Shutterstock/Kelin, Sergey: 87; Shutterstock/Krumwiede, Andreas: 93; Shutterstock/Ieoks: 149; Shutterstock/Lueder, Harald: 81; Shutterstock/Mellukh, Irina: 15; Shutterstock/Misevic, Irena: 128; Shutterstock/Murtola, Evgeny: 65; Shutterstock/Plechaviciutes, Asta: 35; Shutterstock/Simu, Mircea: 53; Shutterstock/Timofeev, Vladimir: 112; Shutterstock/Tsichlis, Georgios: 153; Shutterstock/Ververidis, Vasilis: 48; Shutterstock/Vladimir1984: 23, 54, 138; Shutterstock/VladimirE: 62; stock.adobe.com/Argus: 78; Wikipedia/Sauber, Wolfgang: 103.

Liebe Leserin, lieber Leser,
wir freuen uns, dass Sie sich für diesen POLYGLOTT on tour entschieden haben.
Unsere Autorinnen und Autoren sind für Sie unterwegs und recherchieren sehr gründlich, damit Sie mit aktuellen und zuverlässigen Informationen auf Reisen gehen können.
Dennoch lassen sich Fehler nie ganz ausschließen. Wir bitten Sie um Verständnis, dass der Verlag dafür keine Haftung übernehmen kann.

Ihre Meinung ist uns wichtig. Bitte schreiben Sie uns:
GRÄFE UND UNZER VERLAG
Postfach 86 03 66, 81630 München, Tel. 0 89 / 419 819 41
www.polyglott.de

LESERSERVICE
polyglott@graefe-und-unzer.de
Tel. 0 800 / 72 37 33 33 (gebührenfrei in D, A, CH), Mo–Do 9–17 Uhr, Fr 9–16 Uhr

1. Auflage 2019

Dieses Buch wurde auf chlorfrei gebleichtem Papier gedruckt.
ISBN 978-3-8464-0454-6

Verlagsleitung: Grit Müller
Verlagsredaktion: Anne-Katrin Scheiter
Autor: Claudia Christoffel-Crispin, Gerhard Crispin
Redaktion: Buch und Gestaltung, Britta Dieterle
Bildredaktion: Tamara Hansinger
Mini-Dolmetscher: Langenscheidt
Umschlaggestaltung & Layout: Independent Medien Design, München
Horst Moser (Artdirection), Lucie Heselich
Karten und Pläne: Theiss Heidolph und Kunth Verlag GmbH & Co. KG
Satz: uteweber-grafikdesign
Herstellung: Anna Bäumner, Gloria Schlayer
Druck und Bindung: Printer Trento, Italien

PEFC
PEFC/18-31-506

GRÄFE UND UNZER

Ein Unternehmen der
GANSKE VERLAGSGRUPPE

MINI-DOLOMETSCHER GRIECHISCH

ALLGEMEINES

Guten Morgen.	Καλημέρα. [kali**me**ra]
Guten Tag.	Χαίρετε. [**che**rete]
Guten Abend.	Καλησπέρα. [kali**spe**ra]
Hallo! (du)	Γειά σου! [**ja**‿ßu]
Hallo! (Siezen und Plural)	Γειά σας! [**ja**‿ßas]
Wie geht es dir?	Τι κάνεις; [ti **ka**nis]
Wie geht es Ihnen / euch?	Τι κάνετε; [ti **ka**nete]
Danke, gut.	Καλά ευχαριστώ. [ka**la** efcharis**to**]
Ich heiße ...	Λέγομαι ... [**le**gome]
Auf Wiedersehen.	Αντίο. [an**di**o]
Morgen	πρωί [pro·**i**]
Nachmittag	απόγευμα [a**po**jewma]
Abend	βράδυ [**wra**ði]
Nacht	νύχτα [**nich**ta]
morgen	αύριο [**aw**rio]
heute	σήμερα [**ßi**mera]
gestern	χτες [chtes]
Sprechen Sie Deutsch / Englisch?	Μιλάτε γερμανικά / αγγλικά; [mi**la**te jermani**ka** / angli**ka**]
Wie bitte?	Ορίστε; [o**ris**te]
Ich verstehe nicht.	Δεν καταλαβαίνω. [ðen katala**we**no]
Sagen Sie es bitte nochmals.	Ξαναπείτε το, παρακαλώ. [ksana**pi**te to paraka**lo**]
..., bitte	..., παρακαλώ [paraka**lo**]
danke	ευχαριστώ [efcharis**to**]
Keine Ursache.	Τίποτε. [**ti**pote]
was / wer	τι / ποιος [ti / pjos]
wo / wohin	πού [pu]
wie / wie viel	πως / πόσο [pos / **po**ßo]
wann / wie lange	πότε / πόση ώρα [**po**te / **po**ßi **o**ra]
Wie heißt das?	Πως λέγεται αυτό; [pos **le**jete af**to**]
Wo ist ...?	Πού είναι ...; [pu **i**ne]
Können Sie mir helfen?	Μπορείτε να με βοηθήσετε; [bo**ri**te na me wo·i**θi**ßete]
ja	ναι [ne]
nein	όχι [**o**chi]
Entschuldigen Sie.	Με συγχωρείτε. [me ßingcho**ri**te]
Das macht nichts.	Δεν πειράζει. [ðen pi**ra**si]
Gibt es hier eine Touristeninformation?	Υπάρχει τουριστικό γραφείο εδώ; [i**par**chi turisti**ko** gra**fi**o e**ðo**]
Haben Sie einen Stadtplan?	Έχετε ένα χάρτη της πόλης [**e**chete **e**na **char**ti tis **po**lis]

SHOPPING

Wo gibt es ...?	Πού έχει ...; [pu **e**chi]
Wie viel kostet das?	Πόσο κοστίζει αυτό; [**poo** kos**ti**si af**to**]
Wo ist eine Bank?	Πού υπάρχει μια τράπεζα; [pu i**par**chi **mi**a **tra**pesa]
Geben Sie mir bitte 100 g (Feta-)Käse.	Παρακαλώ δώστε μου εκατό γραμμάρια τυρί (φέτα). [paraka**lo** **do**ste mu eka**to** gra**ma**ria ti**ri** (**fe**ta)]
Haben Sie deutsche Zeitungen?	Έχετε γερμανικές εφημερίδες; [**e**chete jermani**kes** efime**ri**ðes]
Wo kann ich telefonieren / eine Telefonkarte kaufen?	Πού μπορώ να τηλεφωνήσω / να αγοράσω τηλεκάρτα; [pu bo**ro** na tilefo**ni**ßo / na ago**ra**ßo tile**kar**ta]

ESSEN UND TRINKEN

Die Speisekarte, bitte.	Τον κατάλογο, παρακαλώ. [ton ka**ta**logo paraka**lo**]
Was gibt es zu essen?	Τι φαγητά υπάρχουν; [ti faji**ta** i**par**chun]
Brot	ψωμί [pso**mi**]
Kaffee	καφές [ka**fes**]
Tee	τσάι [**tsa**·i]
mit Milch / Zucker	με γάλα / ζάχαρη [me **ga**la / **sa**chari]
Orangensaft	χυμός πορτοκάλι [chi**mos** / porto**ka**li]
Einen (griechischen) Kaffee, bitte.	Έναν (ελληνικό) καφέ παρακαλώ. [**e**nan (ellini**ko**) ka**fe** paraka**lo**]
Suppe	σούπα [**ßu**pa]
Fisch	ψάρι [**psa**ri]
Meeresfrüchte	θαλασσινά [θalaßi**na**]
Fleisch	κρέας [**kre**as]
Geflügel	πουλερικά [puleri**ka**]
Beilagen	γαρνιτούρα [garni**tu**ra]
vegetarische Gerichte	χορτοφαγικά πιάτα [chortofaji**ka** **pja**ta]
Eier	αυγά [aw**ga**]
Salat	σαλάτα [ßa**la**ta]
Dessert	επιδόρπιο [epi**ðor**pio]
Obst	φρούτα [**fru**ta]
Eis	παγωτό [pago**to**]
Wein	κρασί [kra**ßi**]
Bier	μπύρα [**bi**ra]
Wasser	νερό [ne**ro**]
Mineralwasser	μεταλλικό νερό [metalli**ko** ne**ro**]
Limonade	πορτοκαλάδα [portokalada]

MEINE ENTDECKUNGEN

Teilen Sie Ihre Entdeckungen auf facebook.com/Polyglottreisewelt.

CHECKLISTE KRETA

Nur da gewesen oder schon entdeckt?

☐ **FRÜHSTÜCK AM MOROSINI-BRUNNEN**
In den Cafés am Venizelos-Platz wird die leckere *Bougatsa* mit viel Puderzucker bestreut. > S. 13, 104

☐ **DAKOS**
Das knusprige Brot mit dem himmlischen Mizithra-Käse und Tomatenmus muss man einfach probiert haben! > S. 15, 48

☐ **RAKI**
Die Kreter schwören auf ihren »Klaren«. Und am besten genießt man den Raki im Kreise der Einheimischen, z. B. in Chanias bunter Markthalle. > S. 14, 61

☐ **UNTERWASSERWELT BEI ELAFONISI**
Bei einer herrlichen Schnorcheltour vor einem der schönsten Küstenbereiche Kretas entdeckt man eine faszinierende Unterwasserwelt. > S. 76

☐ **BESUCH DES NATIONALDENKMALS**
Schon die großartige Lage auf der Ebene beeindruckt die Besucher des Klosters Arkadi. > S. 87

☐ **EIN UNVERGESSLICHER AUSBLICK**
Ein Ausflug zu Prevelis üppig grüner Flussmündung gehört zu den schönsten Touren auf der Insel. > S. 92

☐ **DIE SINNENFROHE KULTUR DER MINOER**
Knossos, einst der führende Stadtstaat Kretas, dessen gewaltige Palastanlage in weiten Teilen fantasievoll rekonstruiert wurde, entführt einen in die Welt der Minoer. > S. 109

MITBRINGSEL

- **Lederwaren aus Chania:** Gut gearbeitete und schicke Taschen bekommt man in der »Ledergasse«. > S. 61
- **Töpferarbeiten aus Margarites:** Es gibt sie im traditionellen und modernen Stil. > S. 88